中央转移支付与
欠发达地区财政的关系

The Relationship between
The Central Transfer Payments and Finance in
Underdeveloped Area

董艳梅 / 著

社会科学文献出版社
SOCIAL SCIENCES ACADEMIC PRESS (CHINA)

摘　要

　　1994 年我国实行分税制以后，转移支付制度逐渐完善，中央财政对地方转移支付规模不断扩大，转移支付已成为中央与地方财政关系中不可或缺的重要组成部分。随着中央转移支付对国民经济总体运行和地方财政行为的影响日益加大，理论界和实践部门对此高度关注，学术研究也层出不穷。然而，我国中央转移支付的内容复杂、名目繁多，对地方财政的影响也表现在很多方面，尤其是对不同的地方或区域，其影响也是不完全一样的。因此，如何清楚地界定中央转移支付对不同地区（区域）的影响，以及不同地区（区域）如何影响中央转移支付就成为进一步研究完善中央转移支付制度的基本出发点。

　　本文的研究意义在于从不同的区域和不同的研究视角对我国中央转移支付的效应进行全面分析，依据欠发达地区大量依赖中央转移支付的特征事实，找出我国现行中央转移支付制度存在的不足与缺陷，探讨欠发达地区财政实现可持续发展的政策路径。

　　本书共分为七章。第一章为导论。主要阐述论文的选题背景和选题意义，对所要研究的问题进行相关文献梳理，交代研究思路和研究方法，提出论文的研究框架和概述论文可能的创新与不足之处。

第二章为相关理论和概念界定。采用聚类分析方法对我国31个省级行政区按发达地区、中等发达地区和欠发达地区进行划分，为全书确立了研究对象；从理论角度介绍了财政转移支付的概念、功能、分类和原则等相关内容；分析了我国税收返还与中央转移支付之间的关系，确定中央转移支付范畴理应包含税收返还；说明了中央转移支付与地方财政收入之间的相互作用关系。

第三章对中央转移支付与地方财政的现实进行了考察。首先对我国财政转移支付制度新中国成立以来的发展历程进行了梳理，厘清了其历史变迁过程，揭示了现行财政转移支付制度构成的历史原因。然后从全国视角考察了我国中央对地方转移支付的现状，指出了自分税制实施以来我国中央转移支付所取得的宏观政策成效以及存在的制度设计问题，为以后各章分析转移支付与欠发达地区财政之间的关系奠定了历史和现实基础。

第四章提炼了欠发达地区财政依赖中央转移支付的特征。以第二章界定的欠发达地区为对象，运用数量统计方法比较分析得出欠发达地区财政高度依赖中央转移支付的特征事实，同时进一步分析得出了欠发达地区对中央不同类别转移支付的依赖强度具有"对专项转移支付的依赖度大于对均衡性转移支付和税收返还的依赖度"的特点，并以云南省为例，分析了欠发达地区依赖中央转移支付特征的原因。

第五章分别从均等化视角和财政激励视角出发，系统分析了我国中央转移支付对欠发达地区财政的影响。首先，以现实经济数据为依据，采用变异系数指标分析的方法，对中央转移支付的财力均等化效应进行研究，得出了中央转移支付在全国范围内和非欠发达地区范围内起到了财力均等化的效果，中央转移支付不仅增加了地方财力，而且使各地区财力的差距不断缩小。但是，仅从欠发达地区观察，中央转移支付没有起到很好的财力均等化效果，反而拉大了欠发达地区之间的财力差距。其次，以1995~2009年我国省级财政的面板数据推算了财政努力程度，发现中央转移支付对欠发达地区财政努力程度的刺激不如发达地区。同时，以不同类别转移支付为自变量，通过计量分析得出结论：税收返还和均衡性转移支付对地方财政努力有正向的激励作用，而专项转移支付的激励作用则不明显；欠发达地区对财政努力的区域效应具有稳健性。最后，选取1999年、2007年和2009年各省份一般公共服务支出占比与净补助率、基本公共服务支出占比与净补助率之间的散点图进行了对比，得出了现行的中央转移支付在全国范围内起到了刺激基本公共服务支出和一般公共服务支出的效应。但对欠发达地区而言，中央转移支付在一定程度上扭曲了地方政府的财政支出行为，使欠发达地区的财政支出倾向于行政性支出。

第六章转换视角，将中央转移支付视为一个因变量，通过计量模型实证分析了影响中央转移支付大小的各种因素。本章的分析表明：地方的自然条件、经济条件、公共服务支出需求是影响中央转移支付大小的关键因素，但这些因素与中央转移支付的变化是同向的，所以欠发达地区不具备获得较多中央转移支付的优势；财政制度选择也是影响中央转移支付的主要因素。

第七章为政策建议部分，主要是针对前文分析中发现的一系列问题，如欠发达地区财政高度畸形地依赖中央转移支付，其本身不具有制度和非制度方面的优势来获取合理的中央转移支付，与中央转移支付对欠发达地区的财力均等化效应不强、各类转移支付对欠发达地区财政努力程度的激励强度不一致、中央转移支付刺激了欠发达地区财政支出倾向于一般公共服务支出等的矛盾中，指出了欠发达地区财政发展的困境。为此，提出欠发达地区财政要保持可持续发展，必须从宏观方面不断调整与中央的利益分配关系，不断完善分税制改革和增强中央转移支付制度的科学性，同时欠发达地区也要不断完善自身财政的建设。

目 录

表目录

图目录

第一章 导论

第一节 选题背景和问题的提出

在财政税收体制发展的理论研究中，有较多的理由提倡实行分权制度改革。这些理由包括中央政府在信息方面不具有优势会导致地方财政资源的低效配置，各个地方所具有的财政特征不会受到中央政府的个别重视，地方财政收入上缴和实际所得不对称使得中央政府的监督运行成本高昂，地方政府没有提高财政努力的动力，等等。这些地方财政平衡和地方财政激励问题迫切要求对我国过度集中的财政体制进行改革。所以，财政的分权改革一直是理论研究和我国各级政府关注的问题。

财政分权制度改革的必然后果就是转移支付制度的产生。我国现行的转移支付制度是在1994年实行分税制后建立的，在发展过程中得以不断完善，尤其在科学发展观的指导下，在"十一五"期间有效地促进了社会经济的协调发展。但同时也表现出一些较为突出的问题，例如由于公共服务的外部性问题和地区财政能力差异现象的存在，财政分权可能造成财政资金配置效率低下，地区间的教育、医疗卫生和社会保障等基本公共服务发展失衡。除此之外，中央转移支付制度的体系不规范，内容复杂，支付名目繁多，结构不够合理，对优化地方政府职能的效果不明显，对社会民生问题的关注度也不够，特别是导向作用没有充分有效地发挥出来，对地区社会经济的全面发展作用有限，等等。这些问题从理论方面讲，可以通过构建合理的财政转移支付制度加以解决。

但是，在科学构建中央转移支付体系的过程中，明确中央转移支付的首要目标是平衡地区之间的财力差距，因为平衡地区之间的财力差距就是调剂发达地区与欠发达地区之间的财力余缺。在这一过程中，欠发达地区才是转移支付的主要作用对象。在各地区间存在差别性和流动性的情况下，中央转移支付的实施所产生的财政选择性问题，就成为影响地方财政活动的一个重要因素，所以中央转移支付理所当然地充当了贯穿地方财政研究的主线。除此之外，虽然均衡性的中央转移支付资金规则是为了保证税收低的地区可以获得较多的转移支付，但测算转移支付的基础因素是动态的，是不断推进的（Martinez-Vazquez，Boex，2001），要在促进社会经济长期可持续发展中让中央转移支付发挥更加积极的作用，应该立足于欠发达地区财政行为结构的具体特点，把不同类型转移支付在激励作用上的差异考虑进来，提出在现有转移支付体制下，明确进一步完善欠发达地区财政的激励机制，转变地方政府职能，促使欠发达地方政府不断调整行为，以更加符合地方的长远发展利益。

因此研究中央转移支付对地方财政的影响，即研究中央转

移支付对欠发达地区财政的影响，以及研究中央转移支付的各
种影响因素对进一步完善财政转移支付制度，更好地促进地区
经济协调可持续发展具有重大的理论意义和现实意义。

本书的目的在于通过考察中央转移支付对欠发达地区财政
的影响，以及研究中央转移支付的各种影响因素，增进人们对
转移支付理论的认识，探讨利用财政转移支付制度刺激欠发达
地区财政可持续发展的政策选择。

第二节　国内外文献综述

一　关于转移支付效应的综述

国内外有较多的文献对中央转移支付的影响进行了研究，
可以概括为两个方面：一是中央转移支付对地方财力的均等化
效应，二是中央转移支付对地方财政行为的激励效应。其中，
对地方财政行为的影响又分为对地方财政努力的激励影响和对
地方财政支出行为的影响。

1. 转移支付的均等化效应

中央转移支付的政策目的是缓解地方的财政困难，保证其正
常运行，通过合理的方案设计和资金调配，促进地区均衡发展。
为此，许多学者对中央转移支付的财力均等化目标做了检验。

曾军平（2000）采用基尼系数与变异系数指标，比较了
1994～1997 年我国省级人均财政收入和财政支出在财政转移
支付前后的变化，全面研究了中央转移支付的财力均等化效
应。研究表明我国的中央财政转移支付有助于实现财政纵向均

衡，但转移支付资金分配办法中存在明显缺陷，使得地区间横向财政失衡进一步加剧。

刘溶沧、焦国华（2002）对我国1988~1999年省级人均财政收入和财政支出数据，使用实证评估方法研究了财政转移支付在平衡地区间财政能力差异方面的调节效应。其结论为：现行财政转移支付制度没有发挥有效的平衡效应，尤其是其中的体制补助、税收返还和专项补助。

马拴友、于红霞（2003）的研究也表明，现行的财政转移支付几乎没有把地区差距因素考虑进去，资金分配极不合理，对缩小地区差距也没有什么作用。

葛乃旭（2005）也同样采用基尼系数指标，研究了1997~1999年我国人均财政收支的变动情况，肯定了现行中央转移支付制度所具有的均等化效应。但他认为，这种均等化的影响太小，其制度设计中存在缺陷，不能够阻止地区差距不断扩大的趋势。

Tusi（2005）通过分析通熵指数等多种差异化指标，采用我国1994~2000年县级政府财政数据，考察了各类转移支付对我国县级政府的不同影响和不均等的发展趋势，得出结论：除原体制补助外，各类财政转移支付都不具备财力均等化效应。

尹恒、康琳琳和王丽娟（2007）研究得出的结论是：上级财政转移支付不仅没有起到均衡县级财力的作用，其中专项补助和税收返还的非均等性最强，他们使用的是收入来源不平等分解法，选取的数据样本为我国1993~2003年的县域数据。

江新昶（2007）通过描绘转移支付与人均GDP之间的散点图得出结论：转移支付与人均GDP两者之间存在正相关关

系，即越是富裕的地区得到的转移支付量越多。转移支付对经济增长的推动效应有助于接受转移支付地区的经济发展，所以转移支付在地区之间的分布具有"马太效应"。

郭庆旺、贾俊雪（2009）综合考虑了公平与效率，以1995～2005年省份数据为基础，研究指出，因为没有很好地权衡中央转移支付资金的公平和效率问题，抑制了中央转移支付在促进地方公共服务发展和均等化方面的积极作用，对地方政府行为的激励机制是有偏差的。

田发（2010）利用变异系数证明，总体来看，转移支付起到了一定的横向财力均等化效果，但各地区财力差异仍然很大。以不同类别转移支付效果而言，财力均等化效应最强的是一般性转移支付，其次为专项转移支付，效果最差的是税收返还。

从上述文献分析可以看出，虽然研究中学者们采用的方法和数据各有不同，但基本都得出了一个普遍的结论：我国的中央转移支付制度没有达到均等化效果，或者说均等化作用微弱。在不同类别转移支付中，专项补助和税收返还的非均等性最强。但是，地方财力均等化是中央转移支付的最根本目标，中国目前存在的地区之间财力的巨大差距，客观上要求稳步提高中央一般性转移支付规模。

2. 转移支付对地方财政行为的影响

（1）转移支付对地方财政努力的激励效应

国外关于财政分权的文献普遍认为中央转移支付对地方政府财政努力存在影响，但对其具体的作用方向和影响大小还远远没有形成一致公认的结论，实证检验亦缺少定论。

在理论方面，关于转移支付对地方征税积极性的影响仍有争议，Smart（1998）认为，在跨地区要素流动的条件下，地区间的财政补助制度与税收努力相反，即地方税收努力增加有可能获得补助，税收努力降低反而不能获得补助。这是因为如果地方政府提高税率时，会使税源外流，从而会得到更多的转移支付。即在均等化财政转移支付制度下，如果一个地区税收收入减少，则应该导致更多的财政转移资金流入。Egger 等（2010）也发现，在地方税收收入与上级转移支付之和最大化的简单模型中，地区的最优营业税率与均等化率成正比，最优税率随着区域间均等化转移支付率的提高而提高。

Bucovetsky 等（1998）的研究对象是加拿大，他使用一个最优课税模型分析均等化转移支付对地方税收决策的影响，研究表明当转移支付的收入效应低于某个临界值时，转移支付的均等化可能会导致均衡税率的提高。Kothenburgen（2002）及 Bucovetsky 等（1998）和 Smart（2006）的研究同样证实了这一观点。然而上述研究没有考虑地区间税收竞争效应的影响，仅仅考虑了地区间税基流动的因素。针对上述缺陷，Rizzo（2008）通过美国和加拿大的面板数据，分析了均等化转移支付对地方税收决策的影响，结果显示：在一定假定条件下，均等化转移支付会影响地区间税收反应函数。上述研究是在考虑地方政府税率既定条件下的策略性行为，但事实上，地方政府也可能通过改变财政努力程度对转移支付做出反应。

在实践方面，Inman（1988）发现上级政府对下级政府的条件转移支付往往远远高于其需要的正常水平，这会使地方政府产生对转移支付的过度依赖思想，同时存在未给地方政府提供足够激励机制的不足之处。

Gramlich（1987）研究表明地方政府的财政努力与中央政府的财政转移支付成反比，即中央政府财政转移支付减少，地方政府财政努力增加，也即转移支付增加有可能降低地方政府的财政努力（Bird，1994，1999）。

在理性最大化假说的条件下，Peterson（1997）认为，假如地方支出给定，地方政府不能内部化征税成本，使得高融资成本的地方税收被转移支付替代，会导致财政努力程度的降低。Correa 和 Steiner（1999）以哥伦比亚的转移支付为研究对象，研究表明，绝大部分转移支付项目会抑制地方财政努力。但 Garzon（1997）的研究并未证实这种负向关系的成立。相反，他们发现转移支付会使地方政府的财政努力向同一个方向变化，即财政努力程度随着转移支付的增加而提高，它们之间是一种正相关关系。

国内关于转移支付对地方政府财政努力影响的研究主要包括如下几方面。

从激励视角看，乔宝云、范剑勇、彭骥鸣（2006）着重考察了在 1994～2002 年的样本期内中央财政转移支付对地方财政努力的影响，指出现行我国财政转移支付中的税收返还和总量转移支付抑制了地方财政努力。但其程度存在明显的区域效应，富裕地区的财政努力程度低于贫穷地区。

张恒龙等（2007）和刘勇政、赵建梅（2009）的研究成果与之相似。他们通过对分税制以来转移支付与地方财政努力相关性的理论分析，揭示了财政转移支付总体上并没有提高地方政府的财政努力，在实现财政均等化方面的作用也相当有限。后者采用 1995～2004 年省份数据检验了不同类型的转移支付对地方财政努力的影响：条件性转移支付的税收返还对地方政府的财政努力的激励作用是正向的，这与转移支付制度本身的政策目标是符合的；而财力性和专项转移支付均抑制了地方政府的财政努力。而且，东部发达省份获得了大部分的税收返还，其对地方政府财政努力是起正向作用的，中西部省份绝大部分获得的则是对地方政府财政努力只起负向激励作用的财力性和专项转移支付。因此，他们得出的结论是，现行财政转移支付扩大了东、西部地区财政努力的差异，同时削弱了财政均等化的效应。

李永友、沈玉平（2009）和付文林（2010）证实中央转移支付总体在一定程度上降低了地方征税积极性，虽然对提高落后地区人均财力有积极作用。

张光（2008）利用县乡财政数据分析得出，转移支付对县乡财政支出规模的影响因转移支付类型不同而有所不同。税收返还对县乡财政收支行为产生了强烈的刺激效应，有效地促进了县乡财政收入努力，促使其通过发展地方经济来增加财政收入。专项转移支付对县乡财政收支行为产生了温和的刺激效应，财力性转移支付对县乡财政收支行为产生了显著的替代效应，减轻了县乡居民的税收负担。

除此之外，徐涛、杨荣（2009）利用 1993～2005 年中国 31 个省的财政面板数据，把偏离趋势值变动的比率作为因变量，运用固定效应模型和 Prais Winsten 模型，实证分析了转移支付对省级财政收入的稳定效应，指出省级财政收入处于下降阶段时转移支付对其有较大的稳定效应，但是在财政收入处于上升阶段时转移支付仍然推动财政收入上升。而且还发现转移支付在稳定县（区）财政收入方面发挥了比较积极的作用。同时，计毅彪等（2008）用财政收入弹性测算分税制前后的财政体制激励功能，分别测算出分税制前的财政收入弹性系数为 0.46，分税制后为 1.77，而且分税制后发达地区的财政收入弹性普遍高于不发达地区的财政收入弹性，说明了分税制的实施对财政收入尤其是对发达地区财政收入增长的贡献。

　　转移支付制度与地方财政努力是一个理论性较强的问题，同时也是一个实践性较强的问题。从上述文献分析结论来看，普遍认为中央转移支付对地方政府的财政努力有负向的激励作用。但是，这些研究没有考虑具体的地域差别。经济发展状况不同的地方对转移支付产生的激励效应是不同的，应该具体情况具体分析①。

　　（2）转移支付对地方财政支出的影响

　　Gramlich（1977）的研究表明，居民收入的边际效用远低于转移支付的边际效用，相对于居民收入的增加，转移支付的等量增加更有助于地方政府支出的增加。该现象即"粘蝇纸效应"，就是"资金粘在它到达的地方"。这一现象的存在被

---

　①　李永友指出这些研究存在不足的原因：首先，是对不同地域之间的差异没有作深入的思考。如张恒龙等（2007）在考察转移支付对不同地区财政努力的影响时，并未对各地区的经济发展水平、人口特征和外部经济结构特点加以控制。如果充分考虑这些社会和经济因素将有助于进一步鉴别政府转移支付对不同地区财政努力的激励或抑制作用。其次，现有文献对当前转移支付制度下地方财政努力差异的形成原因研究尚显不足，因为地区间财政努力差异的原因很多，转移支付可能只是其中很重要的原因之一，尤其是没有从另类"荷兰病"的视角来探索问题的实质（来源于李永友：《转移支付与地方财政收支决策——基于省级面板数据的实证研究》，《管理世界》2009 年第 11 期）。

后来的大量证据所证实，"粘蝇纸效应" 同时也意味着存在弱化地方政府约束机制的可能性，即地方政府支出效率反而随着转移支付的增加而降低 （Hines 和 Thaler，1995；Gamkhar 和 Oates，1996；Bailey 和 Connolly，1998；Rodden，2002）。

实际上，在经验方面，地方财政支出受中央转移支付的影响程度有多大确实是一个难以统计的问题。Moisio（2002） 的研究指出不同类型的地区和不同类型的项目对转移支付的效应确实是不一样的，差异较大。Gramlich（1987）、Gamkhar 和 Oates（1996） 也得出了地方财政支出不对称地反映中央转移支付的增减变化的结论。

但是，也有分析不赞同以上观点，而认为在现行的地方政府官员考核和晋升的制度引导下，地方政府的财政投入倾向于更有直接经济效益的行业，更看重本地的经济增长是否带来财政收入的增加。或者说政府注重本地经济增长的原因是通过其带来更多的财政收入，更多的财政收入可以使地方政府有能力更多地投入本地偏好的行业，这样更有利于形成一个良性循环。

不过，如果假定中央转移支付为外生性变量，目前有关转移支付与地方财政支出关系的文献基本认同一个观点，即转移支付规模扩大可能助长了地方财政支出更加偏向行政性支出（付文林，2010）。

除此之外，李永友、沈玉平（2009）指出，现有文献的研究在内容上主要集中在讨论转移支付如何影响地方财政收入或支出决策。但在我国以支定收或以收定支的预算平衡约束下，财政收入和财政支出通常是被同时考虑的，这也意味着地方财政的支出决策与收入决策之间存在相互作用。现有的这种研究不太符合财政决策实践。通过进一步分解中央转移支付之后，发现专项转移支付显著地影响着地方政府的支出决策和收入决策，在其他变量保持稳定的前提下，中央转移支付对地方财政收支决策的影响机制具有非对称性，即转移支付可以显著影响地方财政支出，但对地方税收努力的影响却不明显。

总之，我国转移支付制度的构建对地方财政行为的正向激励效应没有充分发挥出来。地方财政收入决策和支出决策对总量转移支付、专项转移支付以及一般性转移支付的反应程度各有不同，显著性也存在较大差异，但总体上表现为地方财政支出行为受到了较强激励。这种激励加剧了地区间财政支出的两极分化，在约束和考核机制不恰当的条件下，容易形成"马太效应"。

从以上文献梳理的结果可以看出，地方政府支出决策和收入决策受中央转移支付的影响在研究结论上没有形成统一意见。分税制实施以后，持续大规模转移支付对我国地方财政收支决策到底产生了什么具体影响，在经验上就更需要结合中国区域情况进行更深入的研究。

另外，在我国转移支付制度的研究中，大多数学者选取了全国视角，通常分析本国转移支付导致财政差距的原因，以及别国先进经验的可借鉴之处，提出重新构建或完善我国转移支付制度体系的思路。但很少有从地方政府的角度来尝试剖析如何在现行的中央与地方财政关系下，通过转移支付因势利导增大地方财力。

因为，地方政府在接受了中央转移支付后，其结果就是改变了地方政府的财政预算约束。在分权体制下，约束集发生改变，重新选择自己的最优财政决策就是地方政府的当然做法。

那么，财政收支决策的调整就会通过财政收支水平和结构变化进一步影响区域经济增长。而区域的经济发展水平等条件又是影响中央转移支付的各种因素，即中央转移支付与地方条件实际是相互影响的关系。这是上述各种研究文献中没有涉及的。

而且现有文献的分析主要纠结于现存转移支付制度或分税制体制的一些设计问题。现行中央与地方财政关系的制度设计，是一个必须从国家层面整体把握的问题，但对于中国这个具有较强分区域特点的国家来说，要找到一个普遍适用的标准确实是个非常艰难的工程。因此，在不断地改进、完善中央与地方之间的财政关系时，站在地方政府的立场，在现有体制下不断调整地方的财政经济行为，加强自身财政的建设，以提高地方的财政能力，应该更具有现实意义。

二　关于转移支付影响因素的综述

国内外学者的研究主要关注财政转移支付的均等化效应及其对区域经济收敛的影响机制，对影响中央转移支付规模的因素鲜有研究。考察的视角主要停留在中央政府，但不能否认地方政府在选择分税制中的支配作用，正如 Robin Boadway 和 Anwar Shah 所说："虽然首先可能会令人想到通过选择更喜欢的转移支付级次和占据税收的程度，联邦政府在纵向财政差距上起到主导作用，但是可以想象，州政府仍然可以影响对其转移支付的数额。"[1]

---

①　罗宾·鲍德威、沙安文：《政府间财政转移支付：理论与实践》，中国财政经济出版社，2011，第 2～3 页。

　　而在研究转移支付的影响因素时，大多数研究仍是以中央政府为立场的，如王绍光（2002）指出，中央与地方之间的财政转移支付过程中的公正性形同虚设，地方的要价空间狭小，决策者的政治考虑是决定中央转移支付的最重要因素。宋小宁、苑德宇（2008）的研究也表明中央维护国家稳定、减少改革阻力的政治平衡考虑是中央转移支付的决定因素。钟正声和宁旺（2008）经过分析得出，对外开放水平、工业化水平、医疗卫生服务水平、发放因素及预算外和非预算资金的规模都对中央转移支付的数额产生了较大的影响。郭庆旺和贾俊雪（2008，2010）在研究中央转移支付是否重视各地区的财力状况和公共服务需求的同时，不仅得出了中央财政转移支付对各地区的财力状况没有更多顾及，忽视了各地区存在的一般性财力差距的结论，也得出了中央对地方政府的政治考虑是中央转移支付的重要影响因素之一的结论。范柏乃和张鸣（2010）也赞同以上观点，认为中央政府对国家完整性的政治考虑是影响财政转移支付资金分配的重要因素。

　　除此之外，有学者还提出，中央财政转移支付的资金分配只重视预算内收入，而在一定程度上忽视了各省级行政区域的经济发展水平和各地大量存在的预算外及非预算财政收入，并提出了以均等化为目标，通过税收返还采取均等化分配和建立横向转移支付体系来优化财政转移支付制度的建议。

　　西方对中国中央转移支付影响因素分析的主要结论是，虽然所有的贫困省份都得到不同的补助，但是补助的数额与各省份的贫困程度并不存在必然的正向关系，也就是说，最贫困省份得到的补助数额不一定最大，反而是那些从事矿产、能源生产或以少数民族为主的省份获得的补助水平最高（Raiser，1998）。这促使 Raiser 认为中国的财政转移支付可能更多是由中央的政治平衡驱动，而不是出于公平性考虑。中国省级政府在财政均等化中所扮演的角色会成为使中央转移支付受地方政府谈判及寻租活动干扰的一个重要原因（Martinez – Vazquez，2010）。

从这些分析可以看出本研究存在不足之处。第一个不足之处是假设的提出没有科学依据，没有扎实的前期研究作基础。第二个不足之处是选择样本时没有考虑时间的有效性，而且所设立的指标不能充分反映研究假设的内容，从而加大了估计的偏误。有的研究仅以某一年的省际截面数据为样本，数据样本量过小直接导致结果的信度和效度的下降，检验结果值得审慎对待。第三个不足之处是在分析中央转移支付的高低时，总是以中央政府为出发点。第四个不足之处是没有采用系统的观点考察财政转移支付的影响因素，过分侧重于从中央的政治角度进行，对各种可能影响财政转移支付分配的因素综合考虑不够。

本书研究这个问题的出发点是，在以往研究的基础上系统地、综合地梳理可能影响中央转移支付分配的各种因素。

第三节　研究思路和研究框架

本书以实施分税制改革后大规模转移支付成为中央财政与

地方财政关系的显著特征为出发点，分析了中央转移支付对欠发达地区财政的影响和影响中央转移支付的各种因素，指出了欠发达地区在这种背景下可持续发展的选择。

本书的研究思路是，先从全国视角描述中央转移支付的状况，通过数据关系得出欠发达地区财政严重依赖中央转移支付的事实；然后通过实证方法分析中央转移支付对欠发达地区财力均等化和财政收支行为的影响；之后建立中央转移支付的反应方程，考察各种可能对其产生影响的因素，尤其是欠发达地区财政所具有的不利因素；最后得出结论：欠发达地区财政实现可持续发展的关键是不断调整与中央的利益分配关系，同时加强自身的财政建设。

本书的研究框架如图 1－1 所示：

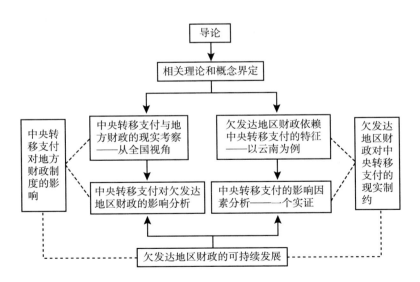

图 1－1　中央转移支付与欠发达地区财政的关系研究结构框架

第四节　研究方法

实现全国各区域基本公共服务均等化是中央转移支付的重要目标，而欠发达地区是其作用的主要对象。因此本书以中央转移支付对欠发达地区财政的影响和欠发达地区影响中央转移支付的因素为研究内容，论证了欠发达地区财政与中央转移支付之间的关系，指出了欠发达地区财政可持续发展的政策选择。本书依据经济学和财政学等相关理论与原理，综合运用规范与实证、定性与定量和比较分析等研究方法，从理论和实践两个层面、全国和地方两个角度，全面、系统地论证了中央转移支付与欠发达地区财政之间的关系问题。所使用的研究方法主要有如下几种。

1. 实证分析与规范分析

实证分析与规范分析相结合是本书最主要的研究方法。规范分析是指通过分析判断、逻辑推理等手段来研究经济规律的方法。实证分析方法也称经济归纳法，主要是通过经济数据和数理模型来判断经济的变化规律以及未来趋势。在实际行文中，两种方法交互使用。具体而言，本书以实证分析作为研究手段，采用面板数据（panel data），运用固定效应（Fixed Effects Model）、随机效应（Random Effects Model）和混合（Pooled OLS Model）等经济计量模型，分析了中央转移支付的均等化效应和激励效应等。同时，使用规范分析方法探讨中央转移支付的制度建设和欠发达地区财政可持续发展的路径。

2. 定量分析与定性分析方法

定量分析是一种对研究对象的数量特征进行分析的方法；定性分析是一种对研究对象"质"的方面进行分析的方法。定量分析和定性分析也是本书使用较多的研究手段。其中，分析我国转移支付规模变化和欠发达地区财政依赖分类转移支付的强度时主要采取了定量方法，得出其变化趋势和规律；在总结我国中央转移支付制度的变迁过程、分析欠发达地区财政依赖中央转移支付的特征等时则主要使用了定性描述的分析方法。而对欠发达地区的界定则同时使用了定量与定性的分析方法，首先用定性方法确定欠发达地区的内涵，然后用定量方法归纳了欠发达地区的范畴。

3. 横向比较和纵向比较分析方法

比较分析方法是一种研究事物之间的相似性或不同点的对比方法，具体可分横向比较和纵向比较。本书在研究中央转移支付的现状时，主要采用了纵向比较方法，以揭示其在实施分税制改革之后的变化趋势。而横向比较的分析始终贯穿全书，不仅横向比较各区域受中央转移支付影响的均等化效应和激励效应，还纵向比较不同类型转移支付与各区域财政之间的关系特点。

4. 聚类分析方法的应用

聚类分析的基本思想是根据研究对象的共同观测指标，建立可以衡量指标相似程度的统计量，把研究对象按相似程度聚合为不同的种类。这是一种多元统计方法，在分类研究中应用广泛。本书针对我国在省级行政单元归并中存在的不足，使用 Ward 联结的聚类分析（Cluster Wardslinkage）方法，选取 13 个指标并将其标准化，建立各指标之间误差平方和最小的统计量，将我国 31 个省级辖区划分为发达地区、中等发达地区和欠发达地区，为本书界定了研究的主要对象，即欠发达地区。

5. 案例研究法的尝试

采用案例法描述经济过程的复杂性，可以起到直观的效果。本书在第四章就以云南省为例，分析了欠发达地区对中央转移支付的依赖性问题，这种以个体代表揭示总体特点的方法比较直观清晰。

第五节　可能的创新和存在的不足

一　可能的创新

1. 研究视角

由过去的单向思维转为双向思维。以往以中央转移支付为主角进行研究的文献汗牛充栋，通常站在中央政府的立场分析论证中央转移支付对地方财政产生的各种效应和影响，或者分析中央转移支付的影响因素，这样的研究仅以单向思维为主。本书转换视角，以欠发达地区为对象，既研究中央转移支付对它的影响，也研究它对中央转移支付的影响，变成双向思维。也就是承认中央转移支付与欠发达地区财政之间的内生性问题，认为它们之间是相互作用、相互影响、互为因果的关系。

2. 研究内容

一改过去研究中央转移支付效应过于分散的毛病，高度概括其效应主要就是两方面，即均等化效应和激励效应，其中激励效应又分为对地方财政努力的激励效应和对地方财政支出的刺激效应。本书在分析欠发达地区受中央转移支付的影响时，主要分析了这三个方面的问题。

3. 研究结论方面

以往的研究只认为中央转移支付对地方财政支出的影响具有不好的一面，即它仅刺激了地方财政支出偏向于一般性公共服务（行政性）支出。但本书的研究发现，就全国而言，它也同时增加了基本公共服务支出，只是就程度而言，一般性公共支出的增长快于基本公共服务支出的增长。不过就欠发达地区而言，以往的研究结论仍然适用，中央转移支付对欠发达地区财政支出的影响是：不仅增加了一般公共服务支出，反而有挤占基本公共服务支出的倾向。

4. 对我国行政省份的聚类划分

在我国的区域经济分析中，普遍以按三大经济带划分的东中西部为主要对象。本书认为这种划分过于简单，地域特点明显，所以采用聚类分析重新作了发达地区、中等发达地区和欠发达地区的划分。由于选取了尽量能反映其客观条件的一系列指标作聚类分析，划分结果明显更具科学性。

二　研究存在的不足

本研究主要是基于欠发达地区财政与中央转移支付之间的相互关系来进行分析的。作为伴随分税制改革而产生的中央转移支付，它的实施对地方财政所造成的影响始终是一个纷繁复杂的问题。要理清这个问题并不是件容易的事情，尤其是对欠发达地区的影响。中央转移支付的内生性是个必须正视的问题，对其影响因素的考察可能存在偏漏。除此之外，中国区域经济的划分有多种，各有优劣，本书虽尝试着定义了欠发达地区这个概念，但科学性和完整性也有待检验。对云南个案的研究也未必能反映出中国欠发达地区与中央在财政关系方面的总体面貌。

第二章　相关理论和概念界定

在进行本书的正式分析之前，有必要对书中涉及的相关概念进行界定，并对有关理论进行系统的阐述。本章的结构安排为：第一节用聚类分析方法定义欠发达地区，第二节对财政转移支付概念进行介绍，第三节分析我国税收返还与中央转移支付之间的关系，第四节分析中央转移支付与地方财政的相互作用机制。

第一节　欠发达地区

欠发达地区是描述地域差异的一种方式，与之对应的是发达地区。这个概念是发展经济学研究的逻辑起点之一，在财政理论与政策的地区财力差异研究中也经常被使用。

一　欠发达与欠发达地区的概念

欠发达是指发展程度低或发展不充分。目前国内外理论界尚未对"欠发达"形成一种普遍认可的权威定义，只是一个缺乏明确内涵、笼统、抽象的模糊概念。

对于欠发达地区的判定，理论界和实践部门有不同的方法。

1. 国外界定欠发达地区的方法

（1）发展经济学认为应该通过以下指标来界定欠发达地区：低下的人均收入或人均产值而带来的低消费水平；以农业为主体的产业结构和就业结构使得大部分人口生活在农村；基础设施落后带来的高失业率和低劳动生产率；低人口素质带来的高出生率；收入分配不均导致城乡收入差距较大；积累能力弱，投资不足。

（2）世界银行用人类物质生活水平反映经济社会发展水平，将购买力平价的人均 GDP/GNP 作为世界各国各地区经济发展水平类型划分的唯一标准，并在《世界发展报告》中公布欠发达的国家名单。

（3）联合国开发计划署每年公布的《人类发展报告》主要从人类发展的角度，用人类发展指数（HDI）来测定一个国家经济、社会发展程度等，人类发展指数包括寿命、知识和生活水平三个基本要素。

（4）欧洲经济共同体认为农业占比高就是欠发达地区的唯一表现。

（5）美国经济学家迈克尔·P. 托达罗认为欠发达的实质有三个方面的表现：一是生活资料的数量很少，生活水平较低；二是缺乏自我尊重；三是自由程度非常有限。在其《经济发展与第三世界》（1992）一书中对于欠发达地区的实质和内涵进行了图形化的描述，同时，他提出了欠发达地区在经济上的表现为收入水平低下、劳动生产率低、失业率高和就业率不足。托达罗对欠发达地区的这些描述在国际学术界有较强的代表性。

2. 我国对欠发达地区的界定

在我国地区差距的研究分析中，常见的是以下两种地区分类方法。

一种是按多统计指标划分贫富地区。如崔满红（2005）就按照经济总量规模、经济增长速度、人均 GDP、固定资产投资规模、工业经济发展、对外贸易发展、实际利用外资和人均收入水平 8 个指标来界定欠发达地区。吴晓军（2005）运用八卦图，按人均 GDP、工业占 GDP 的比重、市场化程度（非国有投资占固定资产投资比重）、城市化率、劳动生产率、人均固定资产投资、科技人员的比重 7 个指标，把中国的省级行政区域分为发达地区、欠发达地区和贫困地区，其中欠发达地区为江西、湖南、安徽、山西、河南、湖北 6 个省。李清均在《后发优势：中国欠发达地区发展转型研究》中提出，欠发达地区的特征就是贫困，具体表现为三个方面的特征：分布特征为地理环境恶劣、生态环境差、基础设施薄弱；经济结构特征为产业单一、劳动力负担重、生活水平低、经济效益差和依附性强；社会特征为文化教育医疗保障落后、文化生活贫乏和科技人才缺乏。刘鹤和杨伟民在《中国的产业政策——理念与实践》中借鉴了联合国开发计划署创立的人类发展指数的基本方法，增加了指标数量，合成了包括 10 个指标在内的判定标准，得出我国发展程度指数低的地区有 10 个①。侯景

---

① 这 10 个省份为四川、陕西、广西、宁夏、新疆、甘肃、青海、云南、贵州和西藏。

新在《落后地区开发通论》（1999 年）沿用发展经济学的评价标准，提出划分落后地区的指标体系为总经济发展规模及水平、产业结构层次、基础设施水平、城市化水平、生活消费水平、社会稳定指标和教育科技文化水平。武友德在《不发达地区经济增长论》中将评价不发达的指标界定为总量水平指数、结构指数、质量指数、发展潜力指数和市场发育指数，这五个指标分别由不同的统计指标加以衡量。杨永恒等（2005）还应用了主成分分析方法对我国地区的划分进行了实证检验。胡鞍钢（2001）在《地区与发展：西部开发新战略》一书中指出中国的基本特征是地区间的差异显著，发展极不平衡，因此他把中国描述为"一个中国，四个世界"。其中第四世界是中西部贫困地区、少数民族地区、农村地区、边远地区、低收入地区。

另一种是按地理空间划分贫富地区。如根据国务院扶贫开发办的资料，欠发达地区为分布在自然条件和资源条件较恶劣的西部地区、山区（高山区、深山区、石山区）、高寒区、荒漠区、干旱区和老、少、边、穷地区，以 592 个国家扶贫开发工作重点为典型代表把 21 个欠发达地区按分布特点划分，属于西部欠发达地区的省份共 9 个；属于中部欠发达地区的省份共 9 个；属于北部欠发达地区的有内蒙古、吉林、黑龙江 3 个省区[①]。还有行政管理部门按经济地带将我国分为东部、中部

---

① 王殿茹：《欠发达地区跨越式发展研究》，新华出版社，2005。这 9 个西部地区分别是广西、四川、贵州、云南、西藏、陕西、甘肃、青海、宁夏。这 9 个中部欠发达地区分别是河北、山西、安徽、江西、河南、湖北、湖南、海南、重庆。

和西部三大地区。"七五"计划时期为：东部沿海 12 个省市为发达地区，中部 9 个省区为次发达地区，西部 9 省区和重庆市为欠发达地区。目前，我国从区域差距角度出发，重新调整了省级行政区的三大经济带①。这种划分主要以管理部门提出的适用于区域管理的空间标准为原则，这些原则包括：划分的基本单元是国家 31 个省（区、市）；考虑的因素主要有各地区经济发展的程度及所处的发展阶段等；考虑各地区产业发展结构特征及发展方向；考虑总体经济发展的需要及目标。

可见，所谓经济欠发达地区，在国家的政策性文件中没有明确的规定，学术性的研究中也没有统一的认识。由于采用的划分标准不一样，所得到的结果也不尽相同。从现有的研究结果来看，主要存在三个问题，一是选择单一统计指标的划分方法明显不全面，不能充分反映欠发达地区的代表性特点；二是采用多统计指标划分的方法中，太注重经济指标，而且对于指标的选择没有科学考虑指标之间的相关性；三是我国行政管理部门对欠发达地区的划分，定性描述过多，缺乏具体的数量指标界定。除此之外，统计和计量方法的应用也较少。在我国，按经济带划分的东中西三部分的应用最广泛，东部通常被视为发达地区，中西部通常被视为欠发达地区，这种划分强调区位

---

① 三大经济带为：东部地区包括 11 个省级行政区，分别是北京、天津、河北、辽宁、上海、江苏、浙江、福建、山东、广东和海南；中部地区有 8 个省级行政区，分别是山西、吉林、黑龙江、安徽、江西、河南、湖北、湖南；西部地区包的省级行政区共 12 个，分别是四川、重庆、贵州、云南、西藏、陕西、甘肃、青海、宁夏、新疆、广西、内蒙古。

空间特点。

但是，欠发达是社会整体发展水平即经济、文化、教育、科技、卫生等综合性指标相对落后的总称。欠发达应包括三个内涵：第一个是包括制度、生产关系、机制、自然生存环境等要素的社会本体与社会发展之间的不协调；第二个是低下的社会产出水平和落后的社会产出结构，可以分别通过经济成果、人口寿命、文化素养和福利等指标显示出来；第三个是在能源、材料、文教、科技、卫生等资源技术和信息方面的社会投入较少、结构不合理。欠发达地区应该是指经济运行和社会发展在以上三个方面具有同质特征的一定空间范围（马奎，2002）。

二　欠发达地区的评价指标选取

社会经济发展所达到的水平或状况，可以通过统计指标来具体体现。欠发达地区所体现的多元内涵，要求我们采取由多个指标组成的指标体系，来一一反映其所具有的各方面特征。

从欠发达地区的自然环境、经济发展和社会条件这三个本质出发，本书舍弃了环境、机制、体制、生产关系方面的一些因素，因为这些社会因素所辖范围为规范理论学科，其量的规定性十分模糊，有些甚至根本缺乏量的规定性，质的规定性也相当不严格，所以无法转化为外延边界明确的统计指标。因此，从指标功能看，经济产出和社会产出方面的指标比较适合建构欠发达地区的评价指标体系。为此，本书选取指标如表2－1所示。

表 2 - 1　欠发达地区的评价指标体系

反映经济发展	反映社会结构（条件）	反映生活质量
1. 人均 GDP 2. 第三产业增加值占 GDP 的比重 3. 第一产业增加值占 GDP 的比重 4. 人均实际利用外资额	1. 农村人口占总人口的 比重 2. 每万人口中在校大学 生数 3. 人口自然增长率 4. 平均预期寿命	1. 人均公路里程 2. 农村家庭蛋类消费数 量 3. 卫生机构床位数 4. 零售物价总指数 5. 农村人均住房面积

资料来源：中经网统计数据库和《中国统计年鉴》。

上述评价指标均选取平均指标和相对指标，以平均数反映一般水平和代表性，以结构相对数反映构成，以强度相对数反映程度，避免了使用绝对总量指标所带来的地区之间的不可比性。

其中，第一产业增加值占 GDP 的比重、农村人口占总人口的比重、人口自然增长率为逆向指标；零售物价总指数在小于 100% 时是正指标，大于 100% 时为逆指标；其余的都为正指标。

由于统计方面的原因，所选用的变量不可能完全代表欠发达的内涵。考虑到数据的可得性，已充分地选择了最接近的替代变量，并尽量避免变量之间出现高度的相关性。故确定上述 13 个变量作为判定欠发达地区的指标，然后对我国的省级行政区域进行归并。

三　欠发达地区的界定

聚类分析方法是一种简单但实用的归并方法，其基本思想是认为所研究的样品或指标具有一定的共同特征，可以根据样本的多个观测指标，找出衡量样本相似特征的统计量，在此基础上，采用一定的统计方法将所有样本分别聚合到不同的类中，则同类的样本特征共性较大，不同类的样本差异较大。因此本书采用聚类分析方法对我国的行政区域进行欠发达地区、中等发达地区和发达地区的划分。

在所选择的 13 个变量中①，考虑到变量异常值对聚类的影响，将对北京、上海两个极端高分值和西藏一个极端低分值进行剔除，然后对剩下的 28 个省区市进行聚类。本书依据发达程度依次递减的原则，把"类"的个数确定为 5 个，分别为第 1 类、第 2 类、第 3 类、第 4 类和第 5 类②。将 28 个省区市进行聚类后，把北京和上海归入发达地区，把西藏归入欠发达地区。使用的软件为 Stata10.0，统计时期为 1997～2009 年，共 12 年③，见表 2-2。

从统计结果来看，在 12 年的样本分析期，在第 1 类和第 2 类中出现过 6 次以上的省份共 7 个，分别是辽宁、上海、江苏、浙江、福建、山东和广东，把北京和上海加入之后，本书把这 9 个省份确定为发达地区；在第 4 类和第 5 类出现过 6 次

---

① 在实际聚类过程中，由于只收集到 2000 年的平均预期寿命数据，所以其他年份的聚类只有 12 个变量。2000 年由于广东、贵州、陕西的人口自然增长率缺漏，青海的人均实际利用外资额缺漏，故这 4 个样本被自动删除。

② 这 5 类按发达程度递减原则可命名：第 1 类为发达地区，第 2 类为较发达地区，第 3 类为中等发达地区，第 4 类为较不发达地区，第 5 类为最不发达地区。只是这个命名与本书要划分的发达地区、中等发达地区和欠发达地区没有相同的内涵，即便名称一样。

③ 由于 2008 年数据缺失，所以该年未进行聚类。

表 2 − 2　聚类结果

年份	第 1 类	第 2 类	第 3 类	第 4 类	第 5 类
1997	北京、上海、天津	福建、广东、江苏、辽宁、山东、浙江	重庆、河北、黑龙江、吉林、四川、湖南、陕西、山西	安徽、甘肃、广西、贵州、河南、江西	海南、内蒙古、宁夏、青海、新疆、云南、西藏
1998	北京、上海、天津	黑龙江、吉林	福建、广东、江苏、辽宁、山东、浙江	重庆、广西、河北、河南、湖北、四川、陕西	安徽、甘肃、贵州、海南、江西、内蒙古、宁夏、山西、新疆、云南、西藏
1999	北京、上海、天津	黑龙江、湖北、吉林、江苏、辽宁、山东、江西	广东	安徽、重庆、福建、广西、河北、河南、湖南、江西、四川、陕西、山西	甘肃、贵州、海南、内蒙古、宁夏、青海、新疆、云南、西藏
2000	北京、上海、天津	福建、江苏、辽宁、山东、浙江	安徽、河北、河南、湖北、湖南、四川	重庆、广西、河北、黑龙江、吉林、山西	甘肃、广西、海南、江西、内蒙古、宁夏、青海、新疆、云南、西藏
2001	北京、上海、天津	广东、湖北、江苏、辽宁、山东	重庆、福建、湖南、陕西、山西、浙江	安徽、河北、河南、黑龙江、吉林、四川	甘肃、广西、贵州、海南、内蒙古、宁夏、青海、新疆、云南、西藏
2002	北京、上海、天津	福建、广东、江苏、辽宁、山东、浙江	安徽、重庆、广西、河南、河北、湖北、湖南、陕西、江西、四川、陕西	黑龙江、吉林、内蒙古、陕西	甘肃、贵州、海南、宁夏、青海、新疆、云南、西藏

年份	第 1 类	第 2 类	第 3 类	第 4 类	第 5 类
2003	北京、上海、重庆、福建、辽宁、天津、浙江	广东、江苏、山东	安徽、河北、河南、湖北、湖南、四川、陕西	黑龙江、吉林、内蒙古、山西	甘肃、广西、贵州、海南、江西、宁夏、青海、新疆、云南、西藏
2004	北京、上海、天津	福建、广东、江苏、浙江	安徽、重庆、河北、河南、湖北、湖南、江西、四川、山东、陕西	黑龙江、吉林、内蒙古、山西	甘肃、广西、贵州、海南、宁夏、青海、新疆、云南、西藏
2005	北京、上海、福建、广东、江苏、辽宁、天津、浙江	河北、河南、山东	重庆、黑龙江、吉林、内蒙古、山西	安徽、湖北、湖南、江西、四川、陕西	甘肃、广西、贵州、海南、宁夏、青海、新疆、西藏、云南
2006	北京、上海、福建、广东、江苏、天津、浙江	重庆、河北、黑龙江、湖北、湖南、江西、辽宁、内蒙古、四川、陕西、山西	河南、山东	安徽、甘肃、广西、贵州、云南	海南、宁夏、青海、新疆、西藏
2007	北京、上海、福建、广东、江苏、天津、浙江	河北、河南、黑龙江、湖北、湖南、江西、山东、陕西	重庆、吉林、辽宁、内蒙古、山西	安徽、甘肃、广西、贵州、宁夏、青海、新疆、云南	海南、西藏
2009	北京、上海、广东、江苏、天津、浙江	安徽、广西、河北、湖北、湖南、江西、四川、山东	重庆、福建、黑龙江、吉林、辽宁、内蒙古、宁夏、陕西、山西	甘肃、海南	广西、青海、新疆、云南、西藏

以上的省份共 11 个，分别是内蒙古、安徽、江西、广西、海南、贵州、云南、甘肃、青海、宁夏、新疆，加入西藏后，本书定义这 12 个地区为欠发达地区；其余的河北、山西、吉林、黑龙江、河南、湖北、湖南、重庆、四川、陕西共 10 个省份为中等发达地区。

本书对区域划分的结果与三大经济带划分的结果列表对比如表 2-3 所示。

表 2-3 本书对区域的划分结果与三大经济带划分的结果对比

本文的划分	发达地区（9 个）	中等发达地区（10 个）	欠发达地区（12 个）
包含的省份	北京、天津、辽宁、上海、江苏、浙江、福建、山东、广东	河北、山西、吉林、黑龙江、河南、湖北、湖南、重庆、四川、陕西	内蒙古、安徽、江西、广西、海南、贵州、云南、西藏、甘肃、青海、宁夏、新疆
三大经济带的划分	东部（11 个）	中部（8 个）	西部（12 个）
包含的省份	北京、天津、河北、辽宁、上海、江苏、浙江、福建、山东、广东、海南	山西、吉林、黑龙江、安徽、江西、河南、湖北、湖南	四川、重庆、贵州、云南、西藏、陕西、甘肃、青海、宁夏、新疆、广西、内蒙古

从表 2-3 中可以看出，本书划分的发达地区、中等发达地区和欠发达地区大致与按三大经济带划分的东部、中部和西部相对应，这种思想也与我国通常将东部地区作为经济发达地区的代名词、以中部表示中等经济发展程度地区和以西部表示经济不发达地区的内涵相吻合。只是本书划分出来的各区域，

其所辖的地区更能反映经济和社会共性的优点，规避了三大经济带划分中只强调地域特点的不足之处。

第二节　财政转移支付

一　财政转移支付的基本概念

转移支付直接对应的英文是"Transfer Payment"，其本意是"转账"或"转移"。联合国在《1990年国民账户制度修订案》中关于转移支付的广义定义为："转移支付是指货币资金、商品、服务或金融资产的所有权由一方向另一方的无偿转移。转移的对象可以是现金，也可以是事物。"这种表述比较普遍。一般情况下，政府间的转移支付表现为财政资源在政府间直观的资金收付活动。但在某些特殊情况下，财政资源会以一种隐性的方式在政府间流动，形成隐性的政府间转移支付，如政府间税收支出、政府间管制（通常是高层级政府对低层级政府的某些行为进行规制）、政府公共定价以及财政政策性金融所形成的政府间资源流动[①]。从理论上讲，这些极为隐蔽但确实存在的资源流动都可以算是政府间的转移支付形式。

著名经济学家庇古最早提出了转移支付概念，在《财政学研究》（1928）中，他把国家经费分为真实的（或消费的）

---

① 马海涛：《政府间财政转移支付制度》，经济科学出版社，2010，第71～72页。

经费与转移经费①②。从这个思路出发，财政学中通常把转移支付划分为两类：政府对个人或企业的转移支付和政府间的转移支付。政府对个人或企业的转移支付也称为财政的转移性支出，是与财政的购买性支出相对应的一类支出，是指政府按照一定的方式，把一部分财政资金无偿地转移给居民和其他受益者。它并不意味着公共部门直接消耗社会经济资源，而且政府通过转移支付也并不获得直接的经济补偿物。或者说，接受者在获得这种转移支付收入时，不需要交换任何服务给提供者，就可以成为接受者。其好处是接受者用这笔资金如何消费或如何组织生产都是自由的，它是一种政府的非市场性再分配活动。转移性支出主要是由社会保险和社会福利两大部分组成，具体包括政府支付的各种补贴、养老金、失业救济金等。政府间的转移性支付是指财政资金、资产或服务在各级政府之间的转移，一般是指相邻两级政府，即上级对下级的财力援助和支持。

二　财政转移支付的目标

分税制的财政体制要求根据事权和财权相结合的原则在各级政府之间进行财政收支的划分。也就是说，财政职能在中央政府和地方政府之间存在分工问题，但是，这并不意味着中央

---

① 杨灿明主编《政府间财政转移支付制度研究文集》，中国财政经济出版社，2000，第261页。

② 真实的经费主要用于邮政、煤气、教育、陆海军等财货及劳务；转移经费主要用于支付本国人民内债利息、抚恤金、养老金、奖金等方面。这部分经费并不消耗任何财货，只是在国民经济中通过国内购买力强制转移调节所得分配关系，对国民经济的作用是间接的。

和地方是两套独立的财政体系。所以，在某些情况下，中央政府必须对地方政府进行必要的协调，才可能达到全国范围内资源有效配置、公平分配和宏观调控的目标。这种必要性的实现手段就是转移支付。

西方国家财政联邦主义的经典文献对转移支付的必要性做了较多的解释。总体来说，转移支付的目标有以下几方面。

1. 弥补地方财力缺口

财政活动运行的结果要求收支是对称的，中央财政和地方财政都是如此。在大多数国家，中央政府拥有主要的税源，划归给地方政府的税收都比较零散，其税收能力不足以满足地方财政的支出需求，所以必须通过中央政府的转移支付来均衡下级政府预算，弥补中央政府与地方政府之间的纵向财力缺口。另外，一些地区可能有很好的自然资源条件和较为丰裕的税源，而另外的地区则是自然资源条件差、税源少。各地所拥有的地理环境、自然资源禀赋、交通运输条件、人口密度、经济发展水平、财源分布等因素的差异，会造成地方财政收入能力与地方政府的支出需要不对称，或者是地方政府承担了较多的财政支出而造成的财政收支不平衡，都会使地区间的发展不均衡，因此需要通过中央政府的转移支付来解决，以确保最低的公共服务水平，弥补横向财力缺口。即中央转移支付的目标首先体现为平衡不同地区间财政净利益上的差距，解决地方财政支出能力与收入能力不对称的问题。除此之外，补偿中央委托地方事务的资金也是财政转移支付的目标之一。

2. 协调公共物品的跨区溢出

根据受益原则和成本必须对称的原则，公共物品和劳务受益的空间性决定了其提供的层次性。而全国性的公共物品和劳务不存在国内的利益外溢问题，只有地区性的公共物品和劳务才存在辖区间的不对称，因为相当一部分公共物品和劳务是在中央和地方以及各级地方政府层面交叉的，存在所谓利益的辖区间外溢问题。它是指公共设施和公共服务的效益扩散到辖区外，或者对相邻的辖区产生负效益。水利工程在上下游以及周边地区的利益外溢是最典型的例子。其他如空气污染和地区环境公害的治理、交通运输设施、高等教育等都会有辖区外溢的情况发生。显然，辖区外溢使得辖区内地方财政活动中成本和效益的对称关系不可避免地遭到破坏。当利益外溢时，从全社会看，地方财政在辖区内进行活动的效益被低估，根据地方受益情况所做出的地方财政活动的规模必然低于应有的规模。同样，如果是成本外溢，由于外溢的成本不由本辖区承担，从全社会的角度来看，用以决策的成本被低估，又将使地方政府活动的规模高于应有的规模。因此，辖区外溢性必然造成资源配置效率的低下。为解决这个问题，在大多数情况下，需由中央财政出面，采用必要的财政手段进行协调，以达到资源有效配置的目的，如利益外溢的项目由主受益区实施，中央财政给予补贴。

3. 均等化公共服务

公共财政的一个基本要求就是在一个国家的范围内所有的公民或居民都能无差别地享受到大致均等的公共服务水平。从效率要求出发，公共物品和公共服务是按受益的层次范围来提供的。地方财政净收益差距的存在，使地方各级政府所提供的公共物品和公共服务不一致，甚至差别巨大。为了实现全国范围内收入分配公平的目标，同时也为了实现效率目标，降低地区间要素和商品流动的壁垒，促进全国统一大市场的形成，提高地区间资源配置的效率，必须由中央财政出面采取一定的财政政策来保证全国不同地区有相同或不同的最低服务标准。如果地方政府可以产生财政净利益，那么这种净利益的状况就会成为影响投资决策的一个重要因素，投资会倾向于选择财政状况较好的地区。此时，中央政府实现财政均等化的功能就可以体现出来，可以采取转移支付的方式来消除或缩小地方政府之间财政净利益的差距。

4. 引导地区财政资源配置

地方政府一般是根据对地方公共物品提供成本和效益的评价来做出地方的资源配置决策。地方政府所做出的这种配置决策从本辖区来看也是正确的，符合地方的最大利益，但不一定符合社会的最大利益。另外，生产要素的逐利性质使得劳动力和生产资源等要素倾向于流入那些税收负担轻而公共服务水平较高的地区，这种由财政因素引导的流动干扰了市场机制的导向，导致劳动力和资源流入或滞留在那些不能最有效发挥其潜在经济效益的地区，造成大量的社会经济的不公平现象。中央转移支付中可以采取适当政策来促进资源的合理流动，提高国内统一市场的运作效率，纠正由地方决策偏好形成的资源配置偏差，以及生产要素配置的低效率。

5. 增强国家的政治调控能力

政府间转移支付制度是政府间纵向调节、控制的基本手段。在市场经济条件下，中央和地方政府存在不同的利益和行动目的。中央政府希望从政治安全的角度保持对地方政府的有效控制，并及时掌握地方政府的运作情况；而地方政府希望寻求更多的财政权、自主权和自治权来满足不断增加的预算需要。中央对地方的转移支付制度就可以协调政府间控制与反控制的矛盾关系，起到维护中央政府权威、限制地方政府权力过度扩张的作用。当然，理论和实践证明，转移支付方式的选取在很大程度上起到了决定性的作用。如果转移支付资金是专项转移支付之类的补助或按确定的公式分配，这就能确保中央政府对地方政府实行最大的控制。

三　财政转移支付的类型

政府间转移支付的模式按转移性资金的运行方向可分为三种，即中央向地方的纵向转移支付模式、地区间横向转移支付模式、纵向转移和横向转移相结合的转移支付模式。自上而下的纵向转移模式是指中央政府对地方政府或上级政府对下级政府的转移支付。这种模式能够很好地起到平衡各地区财力、弥补地方财政缺口的作用，并有助于中央宏观调控职能的发挥。所以，它以中央政府有足够的财力为前提，且为世界上大多数国家所采用，我国长期以来也是采用这种方式来实行政府间的转移支付。横向转移支付模式是通过一定的法律，规定富裕地区将其部分富余财力直接转移给贫困地区，实行地区间的互助，其目的在于调节财政收支的横向不均衡。纵向转移和横向转移相结合的模式综合了纵向转移支付和横向转移支付这两种模式，在这种模式下，中央既直接通过特定手段进行纵向的转移支付，同时又负责协调各地区间的横向转移支付。在这三种模式中，横向转移支付的功能是解决经济落后地区和发达地区之间的收支差距问题，而纵向转移支付的目的则是实现国家宏观调控政策。德国采用的就是纵向和横向相结合的复合模式。

各国实行政府间转移支付的具体做法不同，政府间的转移支付方式有以下三种。

（1）有条件的转移支付

有条件的转移支付是指当上级政府向下级政府转移一定数额的财政资金时，同时规定该款项的特定用途与使用要求，即带有附加条件。所以，有条件的转移支付又称为专项补助或专项转移支付。

按对地方政府是否有配套资金的要求，可以把有条件的转移支付分为配套的转移支付和非配套的转移支付。接受转移资金的下级政府，要获得上级政府的转移补助，必须自己筹集一定比例的款项作为配套资金的转移支付方式称为配套的转移支付。这种方式在具体的操作过程中，又可分为有限额的或"封顶"的配套方式和无限额或"不封顶"的配套方式。

非配套的转移支付对地方政府没有资金配套的条件或要求，这种转移支付等于直接提高了地方政府的财政收入。

（2）无条件的转移支付

在上级政府对下级政府实施财政资金转移时，不附带任何条件、不规定具体用途和使用方向的就是无条件的转移支付。所以，这种转移支付也称为一般性补助或一般性转移支付。采取无条件方式进行转移支付的主要目的是弥补一些地方单靠本级财政收入无法满足合理且必要的支出需要的缺口，保证其能提供基本水准的公共服务。不具有特定具体用途、特定使用范围和方向的无条件转移支付资金有助于地方政府能根据情况来因地制宜地安排支出，取得较好的资金使用效果。

无条件的转移支付可以用于任何公共产品或公共服务的支出，还可以用于抵免地方居民的税收负担，因此不具有替代效应，而只具有收入效应。

（3）分类转移支付

分类转移支付与有条件转移支付有相似之处，即规定了转移性资金的使用方向。不同的是，分类转移支付并不规定具体的用途或使用项目，只指定资金大的使用类别。如上级政府给某地一笔款项用于增加当地的教育经费，那么，这笔资金大的使用方向就只能是教育，而不能用于卫生或治安等其他方面。至于在教育的范围内，是用于图书资料的支出，还是用于增加教师工资或修建校舍，则由当地政府或财政部门自主决定。

四　转移支付的公平与效率

公平与效率是政府间转移支付的两大理论依据。

在财政理论领域里，中央转移支付的公平意味着中央转移支付要消除地方财政收支差距，解决中央财政与地方财政的纵向财力不均衡和各地区间横向财力不均衡问题。基于公平依据而实施中央转移支付的原因主要有三个方面：①中央转移支付的实施是为了弥补财政缺口，解决各级政府之间财政纵向不平衡。②中央转移支付的实施是为了解决地方政府之间横向不均衡，保证最低公共服务标准。③中央转移支付的实施是为了促进建立在各地区财力纵向均衡和横向均衡基础上的全国经济稳定和社会共同进步。

在地区纵向财力和横向财力差距较大时，公平是财政转移支付制度首要考虑的因素。这是因为如果把效率作为中央转移支付的首要目标，由于经济发达地区使用资金效率较高，欠发达地区使用资金效率低，因此转移支付将更多地流向发达地区，效率目标导向会加剧发达地区与欠发达地区之间的贫富差距，导致欠发达地区的消费水平下降，失业人数增加，贫困加剧，社会经济不稳定。同时，不同区域之间形成的横向不均衡使得财政资源大量从欠发达地区流向发达地区，也会恶化欠发达地区的投资环境，造成社会经济的不稳定。最后，对欠发达地区来说，潜在市场不能开发，最终也必然影响到经济效率。因此，在地区贫富差距较大时，公平是政府首要考虑的目标。

在财政理论领域里，中央转移支付体现效率的具体原因是：调整公共服务外部性不均衡，缩小财政资源差距，促进资源配置效率的提高和国内统一市场的优化，并增强国家各地区间的协调团结。或者说，基于效率原则而实行中央转移支付的主要理由就是，补偿地方政府由于提供公共产品和服务而产生外溢的损失，提高公共服务的效率。当然，中央转移支付的效率具有双重含义，既会产生积极的效率，比如增加地方财政的努力程度，也会产生一定的负效率，比如会刺激不合理的财政支出等。

中央转移支付的实施除强调"公平优先"，还要"兼顾效率"。这是因为单纯地考虑公平，虽然地区间的贫富差距可以被缩小，但也意味着本可以投向经济潜力较好地区的绝大部分中央补助将被截留给不具备经济潜力的欠发达地区，结果就是经济效率低的欠发达地区获得较多的转移支付，但对国家整体的经济增长贡献不大；而经济效率高的发达地区获得较少的转移支付资金又不足以激发经济增长的潜力，扩大再生产的能力明显降低，同样对国家整体经济增长的贡献不大，即发达地区获得的中央补助少，经济潜力没有被挖掘出来，会使得整体的经济效益下降和增长速度放缓。总之，强调"公平优先"的转移支付会对社会经济总增长率带来不利的影响。所以，如果单纯考虑公平，从短期看，中央转移支付的再分配会降低发达地区的经济增长速度，同时也不一定能明显促进欠发达地区经济的增长，从某种程度上来说，反而有可能培育或增强欠发达地区对中央财政补助的依赖思想。

　　"公平优先"是中央转移支付主要遵循的原则，公平原则贯彻的好坏影响效率的发挥，但效率的提高也有助于公平的实现。从辩证的观点出发，转移支付的效率内含着公平，公平中体现着效率，两者相辅相成，本来就是矛盾统一的范畴。公平的转移支付会改善投资环境，因为较公平的转移支付相对会使社会经济稳定，从而创造良好的投资环境，好的投资环境自然更能带动经济的发展，那么效率也相应地会得到提高。经济持续运行，转移支付的下一轮再分配效应从理论上讲会循环上一次的结果。在这种动态的过程中，公平因素逐渐增强，效率因素也逐渐增强，公平与效率以螺旋式不断反复，转移支付进入一个良性发展轨道。

　　因此，政府间转移支付既要重视公平，努力缩小不同地区之间的差距，修匀地区之间的纵向和横向偏差，避免出现公共服务水平差距拉大、资源低效配置、贫富矛盾加剧等问题。政府间转移支付还要兼顾效率，在某种程度上创造微妙的激励机制，使各个地区之间能保持合理的财力差距，使地方政府增加收入和培植财源的积极性被完全激发出来。从中央转移支付的微观效应来讲，就是在实施中央转移支付过程中要兼顾其所产生的均等化效应和激励效应，尤其是正向的激励效应。

第三节　税收返还与中央转移支付

我国现行的税收返还体系包括 1994 年分税制改革开始实施的增值税和消费税返还（即"两税返还"）、2002 年实施的所得税返还、2009 年实施的成品油价格和税费改革税收返还以及原体制补助。这些税收返还都是分税制体制改革后中央对地方上划收入（或减少地方收入）的一种财力补偿，是为了保护地方既得利益，促进地方政府积极性，保障改革的顺利推进和保证地方财政的平衡运行而专门设立的。

财政部财政报表体系中的财政转移支付并不包括税收返还，这集中反映了当前从财政部到地方各级财政部门的一种普遍看法，即税收返还不属于转移支付。因为从 1993 年起，在分税制改革文件以及财政部门历年向人大所作的年度预算执行报告，或报人大常委会批准的决算报表中，税收返还一直与转移支付并列表述。这样的概念混淆，影响了对转移支付规范性的判断，也使地方政府产生了上级税收返还是自己固定收入的错觉，加大了深化改革的阻力。税收返还到底是不是转移支付，这是在研究转移支付制度的成效前必须要明确的问题。我国财政部的观点认为，税收返还不应包括在中央转移支付体系中，一般性转移支付和专项转移支付两类就是现行转移支付制度的全部内容。但是，从公共经济原理的角度分析，税收返还属于一般性转移支付中的收入分享形式，理应将其纳入中央财政转移支付体系进行考察。

首先，反对者认为税收返还只具有有限的财源保障功能，这与完善的财政转移支付功能不符。在中央转移支付制度的均衡性框架中，税收返还充当着地方自有财源的角色，但这种作用是横向的。不得不承认的事实是，税收返还对纵向调节财源的保障功能有限，因为税收返还大多以共享税为基础，其实施从某种意义上减少了中央可获得的收入。中央财力少，可用于转移支付的财力有限，也就是说，可用于均衡性转移支付的规模在某种程度上被税收返还降低了。1994～2010年，税收返还所占中央转移支付的比例由75%以上下降到不足20%，呈逐年减少的变化趋势，说明税收返还的财源保障功能呈逐渐减弱趋势。从这个角度来说，税收返还确实不具备转移支付的功能。

其次，反对者认为税收返还对欠发达地区的公平效应不强，没有更好地体现横向的财力均衡，不符合财政转移支付的目标。无差别的税收返还，没有把各地的财源结构特点作为税收返还的影响因素，各地差异特征被简单忽略，实施的是基于地方利益的"从哪里来到哪里去"的就地返还原则，即中央对地方上划的税收按基期年如数返还并以一定的比例逐年递增。如果发达地区的税收返还多，则是因为其税收能力强，而欠发达地区税收少，得到的税收返还就少。这样反而加大了贫富差距，没有起到调节财力差距的作用，从这个意义上说税收返还不符合中央财政转移支付的制度要求。

最后，财政体系的运行实践也为反对者提供了理由。一方面，从实践中看，我国一直以来以税收返还的名称命名之，清楚界定了税收返还范畴，并单独列支。2007 年，财政部公布的中央对地方的转移支付体系中，明确不含有税收返还；2008年中央财政支出表第一次将税收返还单独加以统一。另一方面，规范的转移支付体系已在不断建设和完善当中。这从我国财政体制进程中一系列的政策调整就可以说明，如 1994 年分税制改革，1995 年实施真正公式化的过渡期转移支付，2002年对过渡期转移支付更名及 2009 年对一般性转移支付的再次更名等。这些措施都为 "税收返还不属于中央转移支付" 的观点提供了依据。

但是，从转移支付对地方财政行为的激励效应来看，税收返还在保证地方既得利益的基础上，还在某种程度上与地方税收努力相关联，如 "两税返还" 规定对地方的税收返还按各地区增值税和消费税增长率的 1∶0.3 的递增比例确定①。而且，在财政体制的改革过程中，中央不断把与税收返还相关的税种调整为中央税或中央地方共享税，以特定的中央税或共享税（中央部分）为基数计算税收返还的数额，所以它是中央收入的组成部分。这部分税的征收和初次分配中的收入权力属于中央，不属于地方。税收返还表现为政府间资金的调度，究其本质是政府间财政收入的二次分配，它符合转移支付的一般

---

① "两税返还" 规定对地方的税收返还以 1993 年中央对地方税收返还额为基数逐年递增，递增率按增值税和消费税增长率的 1∶0.3 系数确定，即增值税和消费税每增长 1%，中央对地方的税收返还增长 0.3%。

特征，在上级财政作为支出项，而在下级财政作为收入项，是政府间的一种纵向转移支付。税收返还与中央转移支付在名称上有所区别，但实质上就是一种转移支付，是中央对地方财政转移支付的一种特殊形式。

而且，从客观上讲，为了保证分税制改革的顺利实施，税收返还照顾了地方财政的利益，平衡了中央与地方的财政关系，它是中央与地方分权过程中的一种过渡方式。其优点在于，一方面保证了中央在经济发展中对税收增量的分享，保障中央的财政收入比重，确保其宏观调控的主体地位；另一方面照顾了地方的传统利益，保障了地方政府在税收划分前后的合理收入比例。从这个角度讲，税收返还总体上体现了中央收入与地方收入之间的相互依存性。

所以税收返还是特定历史条件下的转移支付形式，应该纳入财政转移支付的分析范畴。

第四节　中央转移支付与地方财政的相互作用机制

一　中央转移支付的大小影响地方财政收入

中央转移支付是一种再分配制度，属于财政学中财政支出的范畴。但对于地方政府来说，中央转移支付又是地方财政的收入，或者说是地方财政可支配财力的来源。

从图 2 - 1 可以看出，地方财政总收入除了一般预算收入外，还包括上划中央的税收收入。这部分上划的中央税收收入中的一部分再以税收返还的形式转移支付到地方财政，其余的作为中央财政收入用于中央支出、一般性转移支付或专项转移支付①。从地方来说，地方财政总收入与地方财政可支配的财力的差额完全决定于上划中央税收收入与中央向地方支付的一般性转移支付和税收返还的差额，可用下列等式表示：

$$地方财政总收入 - 地方可支配财力$$
$$= 上划中央税收收入 - （一般性转移支付 + 税收返还）$$

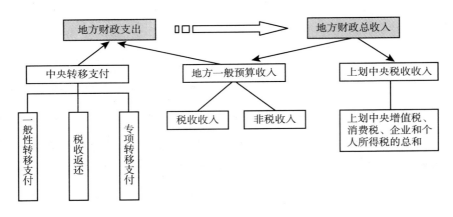

图 2 - 1　中央转移支付与地方财政收支关系

所以说中央转移支付的大小间接地影响地方财政总收入的大小。中央转移支付大，地方财政可支配财力强；中央转移支付小，地方财政可支配财力弱。具体来说，中央转移支付对地方财政收入大小的影响主要来自两方面：一是通过一般性转移支付中的均衡性转移支付来平衡纵向的地区差距；二是通过基于地区既得利益的税收返还来影响地方财政收入。通常来说，

---

① 专项转移支付不算入地方可支配财力。

在经济落后地区，一般性转移支付成为地方财政收入来源的主要方面；而在经济发达省份，税收返还则是它们从中央获得的主要收入来源。

二　地方财政的状况决定中央转移支付的大小

从理论上讲，地方财政总收入为地方一般预算收入与地方上解之和，地方财政支出主要来自地方一般预算收入扣除地方上解再加上中央转移支付，地方财政收入的状况基本决定了可以获得中央转移支付的规模。而地方财政收入的状况绝大多数又依赖于地方经济发展水平，即税收收入的高低取决于地方宏观经济发展水平。我国现行的中央对地方转移支付中，除了一般性转移支付外，税收返还最终取决于经济发展水平，专项转移支付也大多数取决于地方政府的经济配套能力。也就是说，在地方财政收入的来源中，除一般性转移支付具有不直接以地方经济实力来影响地方财政能力的作用外，其他的都表现为地方经济能力的函数，即地方财政支出或地方财政收入是一个以地方经济发展水平为变量的函数。它决定了地方可以获得中央转移支付的基本条件。

从各类转移支付的计算方式上看，一般性转移支付的高低等于地方标准财政收入与标准财政支出的差额，再乘以相应的调整系数。如果地方财政收入高，则中央转移支付的数额相对小；如果地方财政收入低，则相反。中国特殊的税收返还制度，也主要由地方财政收入的高低来决定。尤其是税收返还的增长率计算方法，更是体现了地方财政收入高低决定其获得中央税收返还规模的客观事实。

第三章　中央转移支付与地方财政的现实考察——从全国视角

中央转移支付是一个政策问题，是一个体制问题，是一个政治博弈问题，也是一个历史问题。所以要对中央转移支付制度进行评价，就必须梳理它的发展历程，了解其与地方财政的现状。因此本章将对我国中央转移支付制度的历史沿革进行系统的总结，并从全国视角考察中央转移支付与地方财政的现状。本章结构安排如下：第一节详细梳理我国财政转移支付制度的发展历程，第二节介绍我国现行中央对地方转移支付的基本情况，第三节总结我国现行中央转移支付所取得的宏观政策成效，第四节指出我国现行中央转移支付制度所存在的问题。

1994 年分税制改革以后，中央的宏观调控能力得到了显著增强，"两个比重"的提高使得中央旨在平衡地方财政差距的转移支付投入逐年增加，表明中央对和谐社会建设的一种重视。2010 年，中央对地方的转移支付总额达到 30611 亿元，是 1995 年转移支付总额的 12 倍。中央转移支付的体系不断完善，分配方式更加科学，对促进城乡和地域统筹协调发展、实现基本公共服务均等化发挥了重要的作用。

第一节　中国转移支付制度的发展历程①

虽然我国明确建立财政转移支付制度是在 1994 年分税制改革之后，但在新中国成立以来的历次财政管理体制变革中，就实行了带有财政转移支付性质的各种财政措施。我国的转移支付制度是在中央与地方的财政体制改革过程中不断演进变化的，是与当时的财政体制相配套的（见表 3 - 1）。

表 3 - 1　中国财政管理体制改革年表（1950～1993 年）

实行时间		基本内容
统收统支阶段	1950 年	高度集中,统收统支
	1951～1957 年	划分收支,分级管理
	1958 年	以收定支,五年不变
	1959～1970 年	收支下放,计划包干,地区调剂,总额分成,一年一变
	1971～1973 年	定支定收,收支包干,保证上缴(或差额补贴),结余留用,一年一定
	1974～1975 年	收入按固定比例留成,超收另定分成比例,支出按指标包干
	1976～1979 年	定收定支,收支挂钩,总额分成,一年一变;部分省(市)试行"收支挂钩,增收分成"
包干阶段	1980～1985 年	划分收支,分级包干
	1986～1988 年	划分税种,核定收支,分级包干
	1989～1993 年	财政包干

资料来源：转引自李萍著《财政体制简明图解》，中国财政经济出版社，2010，第 1 页。

---

① 本节参考了以下内容：李萍著《财政体制简明图解》，中国财政经济出版社，2010；陈共编著《财政学》，中国人民大学出版社，2010，第五版。

一 财政统收统支阶段（1950～1979 年）

新中国成立以后，我国的财政管理体制经历过多次调整，但总体上它是与计划经济相配套的统收统支模式。

（1）1950～1957 年期间，正值新中国成立、国民经济百废待兴之时，为实现国民经济快速恢复，我国实施了"高度集中，统收统支"的财政管理体制，将财政管理权集中在中央，财政收支全部纳入统一的国家预算管理。"一五"建设时期开始进行社会主义改造，依据分级管理、层层负责的原则，实行财政收入分类分成办法。这个时期的财政特点是：地方财政存在的财政收支差绝大部分靠中央财政拨款，中央财政与地方财政之间存在巨大的纵向不平衡；中央财政开始用地方上解收入调剂各地区之间的财政横向不平衡；少量的专项拨款由中央财政流向地方财政。此阶段转移支付形式主要有收入分享、体制补助、体制上解、专项拨款。

到 1957 年"一五"计划结束时，中央财政对地方财政的管理权限逐步增加，对财政总额控制办法的进一步实行，在一定程度上调动了地方的积极性。

（2）1958～1979 年期间，是我国的社会主义改造基本完成、国民经济进入正式调整时期，为了进一步扩大地方财政管理权限、适当增加地方机动财力，中央对地方实行了"以收定支，五年不变""总额分成，一年一变""收支挂钩，总额分成"等一系列财政管理体制改革。这个时期受"大跃进"高指标、瞎指挥、浮夸风的"左"倾思想影响，国民经济与财政计划脱节导致的宏观失控给财政的分散管理带来了疑问。

"文化大革命"对国民经济调整时期所取得的成绩摧毁严重，财政管理体制变动频繁，财政收入极不稳定。总体来看，这个时期的财政特点可以归纳为：中央财政与地方财政之间的收入差距大，存在较严重的纵向不平衡；中央财政的收入相对于支出来说显得严重不足，必须依靠地方财政上解来解决。也正因为如此，中央财政对地区之间的横向财力不平衡基本不具有调控能力。这个阶段所采取的具体转移支付形式主要有包干上缴、体制上解、差额包干补助、体制补助、总额收入分成、专项拨款。

从 1977 年开始，在总结"十年动乱"的影响之后，财政管理体制进行了一系列的有益尝试，开始在江苏等一些地区探索"收支挂钩，增收分成"等措施。总体而言，这一时期的财政管理体制更多的是对新办法的尝试，变动频繁，但为以后的财政改革积累了经验。

二　财政包干阶段（1980～1993 年）

社会主义现化化建设是十一届三中全会确立的党和国家的工作重心。在分税制改革前，财政包干阶段中财政管理体制改革是我国经济体制全面改革的排头兵。财政管理体制相继经历了三次改革调整，实行过"划分收支，分级包干"的财政管理体制、"划分税种，核定收支，分级包干"的财政管理体制和多种形式的财政包干管理体制。

（1）在"划分收支，分级包干"的财政管理体制（1980～1985 年）下，中央与地方的财政关系发生了重大变化，伴随着中央集权向地方分权财政体制的过渡与转化，转移支付也发生明显的变化。这个时期转移支付的特点是：收入分享和定额补助成为转移支付的主要形式；中央财政为了调节地区之间存在的横向财政不平衡，设立了支援不发达地区发展基金；但这个时期的中央财力较少，有时需向地方借款平衡收支。收入分享形式、定额补助、定额上解和专项拨款是该时期转移支付的主要形式。

（2）在"划分税种，核定收支，分级包干"的财政体制（1986～1988 年）下，转移支付的主要特点是：所采用的主要形式变成总额收入分成和定额补助；中央财力过少，中央财政收入的一个重要来源是地方定额上解和比例上解；中央财政与地方财政之间仍然存在较大的纵向不平衡；专项拨款的占比与规模逐年增加。这个阶段的转移支付形式主要有总额收入分成、定额补助、比例上解、定额上解和专项拨款五种。

（3）在大包干的财政管理体制（1989～1993 年）下，转移支付的特点是：较严重的财力纵向不平衡仍然在中央财政与地方财政之间存在；收入分享和定额补助变成了主要的转移支付手段；中央财力相对不足，主要靠地方定额上解和比例上解弥补；专项拨款数量逐年增加，在转移支付中所占比重有所提高。转移支付形式主要有收入分享、定额补助、定额上解、递增上解和专项拨款。其中收入分享又包括三种，分别是总额收入分成、总额分成加增长分成和比例分成。

这个时期财政管理体制改革的共同特点是"包干"，这既在一定程度上调动了地方的积极性，又使得地方财政有一定的风险和压力。但中央财政运行的结果就是财力小、中央财政赤字增加。

三　分税制的财政管理体制（1994 年以后）

1. 分税制改革

在当时的历史条件下，包干制的财政管理体制极大地刺激了地方组织财政收入的主动性，但所造成的问题是相对于中央财力集中过少来说，地方获得的收入分配又过多，减弱了中央政府对地方财政的宏观调控能力。

1994 年，为推动社会主义市场经济体制改革的进一步深化，中央决定进行分税制财政体制改革，其主要目的是在维持原有的中央和地方支出责任划分格局的情况下，增加财政总收入占 GDP 的比重以及中央收入占财政总收入的比重（即两个收入比重）。分税制的核心是按照事权与财权相匹配的原则，在各级政府间划分财政收支范围，分设国税和地税，分别筹集收入，税收立法权仍属于中央政府。

2. 中央转移支付的变化（调整）

我国中央转移支付制度是随着分税制财政体制的改革而不断完善的。图 3 – 1 总结了我国中央转移支付调整的具体措施。

实行分税制财政管理体制，迫切需要建立财政转移支付制度的规范体系，以调节各级政府之间纵向及同级政府之间横向的不平衡。实施财政转移支付制度不仅是地方政府正常运行的需要，也是完善分税制财政管理体制的现实选择。所以在分税制改革的同时，中央正式提出了财政转移支付概念，财政转移支付正式成为财政制度的一个重要组成部分。为了推进分税制改革的顺利进行，保护各个地方的既得利益，原体制和转移支付制度的改革"双轨并行"，采取了逐步过渡的办法来深化转

中央转移支付与欠发达地区财政的关系

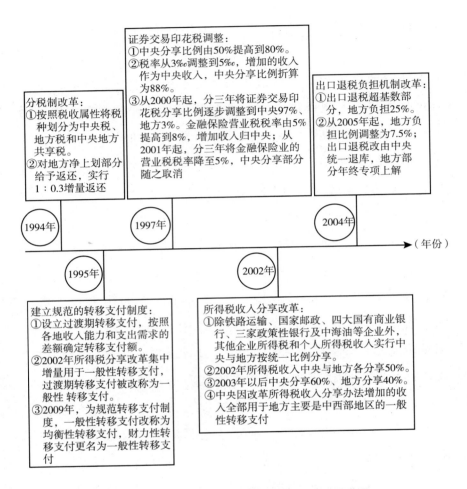

图 3－1　中央转移支付制度的措施调整变化

资料来源：李萍著《财政体制简明图解》，中国财政经济出版社，2010。

移支付的进程。这个时期的转移支付方式主要有原财政管理体制延续下来的体制补助（或体制上解）、结算补助（或上解）、专项拨款和分税制实施后所建立的过渡期转移支付及税收返还。

　　具体来说，1994 年我国开始实施分税制改革，到 1995 年，中央财政在研究和借鉴国际经验的基础上，制定了与分税

54

制相配套的转移支付办法，称为"过渡期转移支付"。这种转移支付具有一定的规范性和科学性，因为它要求根据一些客观因素计算各地区的标准财政收入和标准财政支出，然后以标准财政收入与标准财政支出之间的差额为基础，采用因素法，即一定的转移支付系数与之相乘得出中央对地方的转移支付数额。过渡期转移支付制度在设立一般性转移支付的同时，也设立了中央专项补助拨款制度。过渡期转移支付制度的框架体现了建立规范的横向财力均衡机制的初衷。

　　为了减缓地区间财力差距的不断扩大，支持西部大开发，逐步实现共同富裕，逐步完善和规范中央和地方政府之间的分配关系，国务院于 2002 年出台了《关于印发所得税收入分享改革方案的通知》①，其主要决定是，从 2002 年开始，中央把因所得税收入分享改革增加的收入全部用于一般性转移支付，这样就初步建立了中央财政一般性转移支付资金的稳定增长机制，同时过渡期转移支付的概念被改称为"一般性转移支付"。财政部将一般性转移支付与其他转移支付合在一起，统称为中央对地方的财力性转移支付。其他转移支付是指 1998 年后，中央财政新出台的民族地区转移支付、调整工资转移支付、农村税费改革转移支付、"三奖一补"转移支付等形式，这些转移支付的目的是弥补国家实施某些政策过程中地方财政出现的资金缺口。

---

　　① 《通知》内容为："以 2001 年为基期，地方分享的所得税收入如果小于地方实际所得税收入，中央将这部分差额作为基数返还给地方；而如果地方分享的所得税收入大于地方实际所得税收入，差额部分由地方作为基数上解中央。"

从 2005 年下半年开始，在深入研究一般性转移支付的测算办法之后，以"因素法"为主的一套一般性转移支付制度体系逐渐在我国建立起来。在不断探索适合财政体制发展的一般性转移支付体系的过程中，逐步完善了一般性转移支付分配办法，使一般性转移支付的实施能有效拉动和促进经济基础薄弱地区的经济增长。转移支付资金向经济欠发达地区的倾斜，保证了地方基础设施建设、生态环境保护和各项社会事业的快速发展，为经济的发展带来了动力，体现了中央对少数民族地区和边疆地区的关怀，促进了民族团结与边疆稳定。

2009 年，为了规范转移支付制度，财力性转移支付被更名为一般性转移支付，原财力性转移支付中的一般性转移支付被更名为均衡性转移支付。

1994 年分税制财政管理体制改革是中国经济体制改革进程中的一个里程碑，符合我国市场经济发展的要求，并为其他配套改革奠定了基础。实施一般性转移支付多年来，虽经过了多次的改进，也积累了丰富的经验，但其测算方法一直未突破以"基数法"为主的设计思路。这种设计意图反映的是一种历史情况的延续，"基数法"中包含了旧体制的影响以及基期年份中的异常因素，难以从根本上起到调节地区间财政能力差距的作用。

第二节　我国中央对地方转移支付的基本情况

伴随着分税制改革，我国现行的中央转移支付制度逐步发展和完善起来，大规模转移支付已成为分税制改革后中央与地方财政关系的一个显著特征。

一 中央转移支付的规模

1. 中央转移支付规模与增长趋势

自 1994 年确立中央对地方转移支付制度以来，转移支付总额从 1994 年的 2389 亿元增加到 2010 年的 30611 亿元，增长了 12.8 倍，年均增长率高达 17.3% （见表 3-2、图 3-2）。

表 3-2 1994~2010 年我国中央转移支付规模及构成

单位：亿元，%

年份	转移支付总额	税收返还		中央对地方转移支付			
		总额	比重	一般性转移支付		专项转移支付	
				总额	比重	总额	比重
1994	2389	1799	75.3	99	4.1	361	15.1
1995	2533	1867	73.3	375	14.8	291	11.5
1996	2672	1949	72.9	489	18.3	235	8.8
1997	2801	2012	71.8	516	18.4	273	9.7
1998	3285	2083	63.4	889	27.1	313	9.5
1999	3992	2121	53.1	1360	34.1	511	12.8
2000	4748	2207	46.5	1648	34.7	893	18.8
2001	6117	2309	37.7	2204	36.0	1605	26.2
2002	7353	3007	40.9	2402	32.7	1944	26.4
2003	8058	3425	42.5	2392	29.7	2241	27.8
2004	10379	3609	34.7	3423	33.0	3352	32.3
2005	11474	3758	32.8	3529	30.8	4177	36.4
2006	13491	3930	29.1	4412	32.7	5160	38.3
2007	18112	4096	22.6	6892	38.1	7093	39.2
2008	22946	4282	18.7	9967	43.4	8696	37.9
2009	28889	4934	17.1	12580	43.5	11375	39.4
2010	30611	5004.36	16.3	12295.73	40.2	13310.91	43.5

注：1994 年虽然确立了分税制，但真正实施是次年，且收集到的 1994 年数据不完整，分项之和不等于总额。

资料来源：历年《中国财政年鉴》，其中 2009 年和 2010 年数据来自中央政府财政预算决算报告，2010 年为预算数。

从图 3-2 可以看出，1994~2010 年，我国中央转移支付总额不断提高，增长率虽有一定程度的波动，但表现出一定的增长趋势。其中增长率最低的年份为 1997 年，增长率为4.93%；增长率最高的年份为 2007 年，增长率为 34.24%。2007 年中央转移支付增长率陡增，可能与党的十七大报告提出的"健全中央和地方财力与事权相匹配的体制，加快形成统一规范透明的财政转移支付制度，提高一般性转移支付规模和比例，加大公共服务领域投入"政策有关。

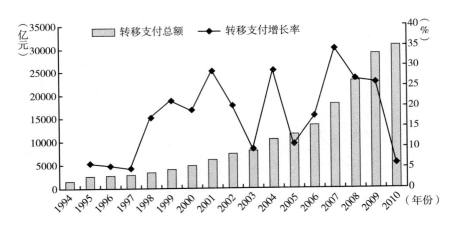

图 3-2   1994~2010 年我国中央转移支付的变动趋势

资料来源：历年《中国财政年鉴》。

2. 中央转移支付与地方财政收入的变动趋势

（1）中央转移支付与地方财政收入总量不断增加，随GDP 的增长而增长。

图 3-3 反映的是中央转移支付规模与全国地方财政收入的总量变动情况，可以看出中央转移支付与地方财政收入在总量上都有不断增长的同步趋势。

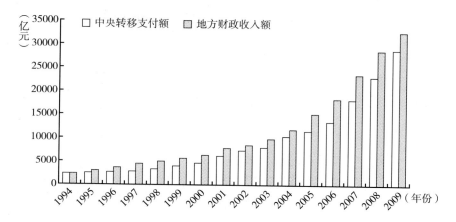

图 3 - 3 1994 ~ 2009 年中央转移支付与地方财政收入规模

资料来源：历年《中国财政年鉴》。

虽然分税制改革以来，地方财政收入逐年增加，总量规模由 1994 年的 2133.6 亿元增加到 2009 年的 32602.59 亿元。但地方财政支出也同时增加，财政支出增加的幅度大于财政收入增加的幅度，使地方财政收支差距不断拉大，所以导致中央转移支付的规模不断膨胀。

（2）中央转移支付与地方财政收入的增长率波动情况。

从图 3 - 4 可以看出，中央转移支付增长率和地方财政收入增长率都比较高，但地方财政收入的增长率变动幅度小，而中央转移支付的增长率变动幅度大。中央转移支付增长率最高时接近 35%，比地方财政收入增长率最高时约高出 5 个百分点；中央转移支付增长率最低点（1996 年）与地方财政收入增长率最低点（2001 年）差不多低 5 个百分点。

3. 中央转移支付占比分析

从图 3 - 5 可以看出，中央转移支付占地方财政支出的比

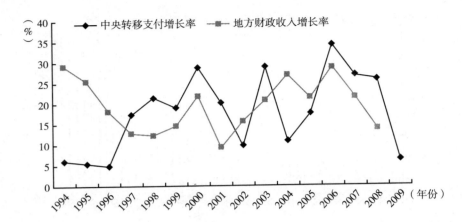

图 3 - 4　1994～2009 年中央转移支付增长率与
地方财政收入增长率

资料来源：历年《中国财政年鉴》。

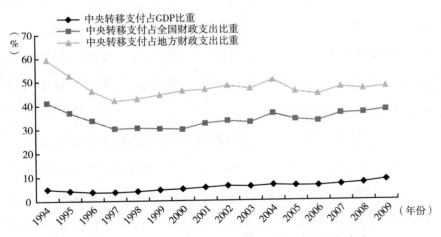

图 3 - 5　中央转移支付在 GDP、全国财政支出和
地方财政支出中的比重

资料来源：《中国统计年鉴 2010》。

重最高，其次是中央转移支付占全国财政支出的比重，最低的
是中央转移支付占 GDP 的比重。

1994 年以来，中央对地方的补助逐年递增，但是，根据图 3－5 所列数据，1994～1997 年期间中央转移支付占地方财政支出的比重、占全国财政支出的比重以及占 GDP 的比重逐年下降。1999 年中央与地方财政分工调整后，中央转移支付占地方财政支出的比重、占全国财政支出的比重以及占 GDP 的比重才逐年上升。具体比重分别从 1998 年的 42.8%、30.4%、3.8% 上升到 2009 年的 47.3%、37.7% 和 8.5%。中央补助地方支出已经占到地方政府财政支出的近一半，且一直保持稳定状态。这表明中央转移支付已经成为地方财政收入中重要而且较为稳定的来源。从另一个角度来说，地方财政对中央转移支付的依赖程度比较高。

二　中央转移支付的构成

伴随着分税制改革而发展起来的中央对地方财政转移支付体系，与传统财政体制的改进交织在一起，经过不断的完善，已经形成了包括一般性转移支付和专项转移支付在内的，以中央对地方转移支付为主、多种形式并存的体系（见图 3－6）。具体而言，主要由三个部分构成：第一部分是旨在缓解地方财力紧张、均等化地方政府基本公共服务能力的一般性转移支付（原财力性转移支付），主要有均衡性转移支付（原一般性转移支付）、调整工资转移支付、民族地区转移支付、农村税费改革转移支付等；第二部分是旨在实现中央特定政策目标的专项转移支付，这部分专款的使用要求严格，指向性明确，包括一般预算专项拨款、国债补助等，重点投向是教育、医疗卫生、社会保障、科学技术、环境保护、农林水事务等；第三部分是旨在维持地方政府既得利益、保护地方政府积极性的税收返还，属于传统财政体制的延续，包括"两税"返还、所得税基数返还、成品油价格和税费改革税收返还。此外，我国还广泛尝试横向转移支付形式，实施经济发达省份对经济欠发达省份的对口援助，只是这一政策还不规范，尚未形成制度，因此并未纳入现行转移支付体系。

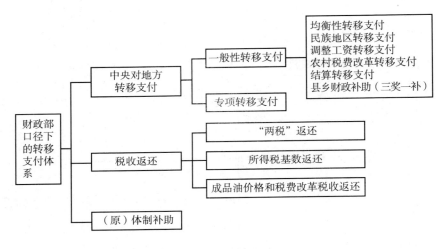

图 3 - 6   我国现行中央转移支付体系的构成

图 3 - 7 清楚地显示了中央对地方转移支付中三类形式的变动情况。税收返还在分税制改革实施的初期占据了中央对地方转移支付的 70% 以上，一般性转移支付和专项转移支付合计只占约 30%。这体现了转移支付制度改革最初对地方既得利益的保护，这也可能是分税制改革得以顺利实施的前提（保障）。随着转移支付均等化功能的加强，税收返还比重开始大幅下降，到 2010 年，其所占比重只有 16.3%，说明原体制照顾地方利益的功能不断被弱化。与此同时，专项转移支付

和一般性转移支付所占比重则不断提高，其中，一般性转移支付几乎成为转移支付体系中最主要的形式，2009 年所占比重达到最高值 43.5%。但受到全球金融危机的影响，国家实施 4 万亿元的经济刺激计划，使得专项转移支付规模上升到第一位，2010 年所占比重同样达 43.5%。

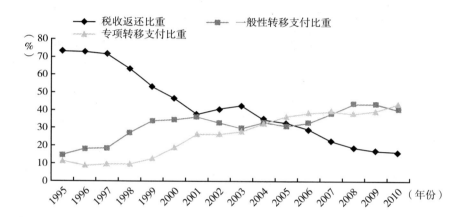

图 3 - 7　1995 ~ 2010 年我国中央转移支付各构成比重的变动趋势

资料来源：历年《中国统计年鉴》。

具体来说，我国 1994 年分税制改革后形成并动态改进的中央对地方转移支付体系包括以下三部分。

1. 一般性转移支付

一般性转移支付是为了弥补财政实力薄弱地区财力缺口、均衡地区间财力差距、实现地区间基本公共服务能力的均等化，中央财政安排给地方财政的补助支出。我国的一般性转移支付资金一般不需地方财政配套，完全由地方统筹安排。

原统计口径下的财力性转移支付是一般性转移支付的前身。2009 年，为完善一般性转移支付体系，进一步规范专项转移支付制度的内容，中央政府决定将专项转移支付中支出数额相对稳定的教育、社会保障和就业、公共安全、一般公共服务项目列入财力性转移支付，同时将财力性转移支付更名为一般性转移支付（原财力性转移支付中的一般性转移支付被改称为均衡性转移支付）。

所以，当前一般性转移支付主要包括均衡性转移支付、民族地区转移支付、县乡基本财力保障机制奖补资金、调整工资转移支付、农村税费改革转移支付和其他一般性转移支付。其他一般性转移支付主要包括资源枯竭城市转移支付、工商部门停征两费转移支付、社会保障与就业转移支付、企事业单位划转补助和结算财力补助等，主要是对因历史原因积累的社会问题、中央宏观政策调整造成的地方财力紧张、地方财政减收所进行的财力性补助。2010 年其他一般性转移支付决算数共计4318. 2 亿元，其中，资源枯竭城市转移支付 75 亿元、工商部门停征两费转移支付 80 亿元、定额补助（原体制补助）140. 14 亿元、企事业单位划转补助 350. 23 亿元、结算财力补助 435. 35 亿元[①]。总体来说，分税制财政管理体制改革后，一般性转移支付体系不断完善，更加符合经济形势变化和促进区域协调发展的需要。

随着我国一般性转移支付的规模与占比逐年增加，一般性转移支付协调地区间财力的均衡效应被明显地提高了。2010 年，我国一般性转移支付为 12296. 73 亿元，占当年中

---

① 数据来源于财政部网站 http：//yss. mof. gov. cn/2010juesuan/201107/t20110720_ 578454. html。

央对地方转移支付总额的 40.3%，是 1994 年设立一般性转移支付之初 99 亿元的 124 倍，年均增长率高达 35.2%（见图 3 - 8）。

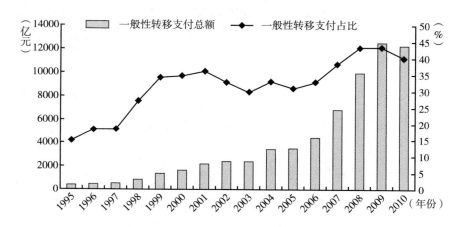

图 3 - 8　1995～2010 年一般性转移支付规模

资料来源：历年《中国统计年鉴》。

2. 专项转移支付

专项转移支付是指中央政府为实现特定的宏观政策及事业发展战略目标，和对委托地方政府代理的一些事务进行补偿而给予地方政府的补助资金，以及对应由下级政府承担的事务给予的具有指定用途的奖励或补助。一般情况下，专项转移支付资金重点用于教育、科学技术、社会保障和就业、医疗卫生、环境保护和农林水事务等公共服务领域。专项转移支付需要地方财政按规定用途使用，资金专款专用。专项转移支付项目的设置通常直接体现了中央政府与地方政府不同的事权划分，因此，专项转移支付又可以分为以下两种类型。

其一，中央政府事权范围内的专项转移支付。这部分事权虽然归属于中央政府，但从组织实施的效果来看，地方政府更能达到目标，且成本更低，因此中央政府通过转移支付将此类事权交由地方政府办理，如军队离退休干部安置类专款。另外，中央政府因特殊的政策目标需要，向地方进行一定的专项转移支付，以满足地方在宏观调控、社会维稳方面的支出需要。

其二，地方政府事权范围内的专项转移支付。中央政府对本来归属于地方政府的一些事权又设定更高或更全面的目标，所以只能通过专项转移支付对地方政府实施该项事权的支出给予专款补贴。如实行省长负责制的"米袋子"工程，虽然收购粮食的支出划归地方政府承担，但中央政府要求各级地方政府按照保护价敞开收粮，由此增加的支出，由中央和地方按比例分担，中央因此而设立补助地方粮食风险基金专项转移支付。

1995～2010 年，我国专项转移支付总额从 291 亿元增加到 13310 亿元，年均递增 28.8%（见图 3 – 9）。同时，随着财政体制改革的不断深化，专项转移支付也不断发展完善，用于公共支出、地区均衡发展方面的专项转移支付资金逐年增加，比重不断提高，用于竞争性领域的专项转移支付则逐渐减少。增量资金主要投向国家要求重点保证的支出项目，如支农、教科文卫、社会保障等事关民生领域的支出，体现了公共财政的要求。

2010 年，专项转移支付用于农林水事务支出方面的决算数为 3384.39 亿元，用于教育支出方面的决算数为 878.79 亿元，用于医疗卫生支出方面的决算数为 1395.51 亿元。

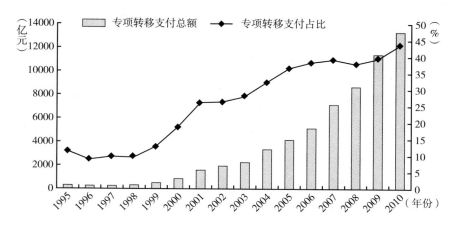

图 3 - 9 1995 ~ 2010 年专项转移支付规模

资料来源：历年《中国统计年鉴》。

3. 税收返还

我国现行的税收返还包括增值税和消费税返还（即"两税"返还）、所得税基数返还、成品油价格和税费改革税收返还三类。

1994 年开始实行增值税和消费税返还，即"两税"返还，其目的是在分税制改革初期保持地方既得利益格局，确保改革的顺利进行。其主要做法是，将原属于地方财政支柱来源的增值税（75%）和消费税（100%）上划中央财政，中央财政将其中的一部分按来源地原则返还地方财政。返还额以 1993 年中央净上划收入为基数逐年递增，按增值税、消费税增长率的 1：0.3 比例计算。

随着财政管理体制改革进程的加快，2002 年新增所得税基数返还。所得税基数返还为固定数额，以 2001 年为基数。财政部文件指出：各地方企业所得税基数以 2000 年实际完成数为基数，按 2001 年 1～9 月地方企业所得税实际增长率或 1999～2000 年地方企业所得税年均递增率计算确定；中央企业所得税、个人所得税、储蓄存款利息所得税基数以 2001 年实际完成数为基数计算确定。所得税基数一经确定，便保持不变。按照改革方案，中央财政与地方财政按确定的分享范围和比例计算对所得税收入的分享数额。

2009 年新增成品油价格和税费改革税收返还。其目的是建立完善的成品油价格形成机制和规范的交通税费制度，促进节能减排和结构调整，公平负担。

新增的税收返还政策，也包含了与两税返还相同的政策初衷。2010 年，两税返还决算数为 3602.18 亿元，所得税返还决算数为 910.19 亿元，成品油价格和税费改革税收返还决算数为 1531.1 亿元，地方上解决算数为 1050.1 亿元。2010 年全部税收返还额预算数为 5004.36 亿元，占中央对地方转移支付总额的 16.3%①。从图 3－10 看到，虽然税收返还的数额在逐年增加，但其占转移支付总额的比例却是递减的，实施分税制的 1995 年，税收返还所占比例高达 73.3%，但之后每年都在下降，2010 年只占全部转移支付总额的 16.3%。这说明我国转移支付制度设计中的照顾地方既得利益有逐渐退出的自身循环机制。

---

① 2009 年，财政部为简化中央与地方的财政结算关系，对税收返还支付科目进行了调整。将地方上解与税收返还作对冲处理，相应取消地方上解中央收入科目。同时，增加"成品油价格和税费改革税收返还"科目，用来反映实施成品油税费改革后，按照有关规定相应返还给地方的消费税等收入。因此，从 2009 年开始，税收返还科目口径与以前年度相比有较大变化。

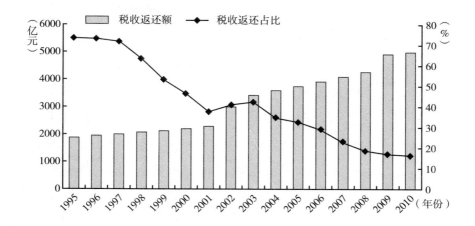

图 3 - 10　1995 ~ 2010 年税收返还规模

资料来源：历年《中国统计年鉴》。

第三节　我国中央转移支付的宏观政策成效[①]

随着中央转移支付体系的日趋完善，中央对地方转移支付已经成为财政支持改革和宏观调控的重要手段。

首先，转移支付类型不断丰富是落实中央政策的保障。1998 年，为了落实积极财政政策，刺激消费，配合中国宏观经济调控政策，中央财政出台了调整工资转移支付，提高了离退休人员的工资水平。2000 年，为了落实《民族区域自治法》，支持西部大开发，缩小地区发展差距，中央为此单独设立了民族地区转移支付。2000 年及此后的 2003 年、2004 年，

---

① 李萍：《财政体制简明图解》，中国财政经济出版社，2010，第 98 ~ 107页。

农村税费改革实施，转移支付对农村税费改革起到了推进作用。2005 年，中央财政出台了"三奖一补"县乡奖补转移支付，目的是刺激县级财政增收、基层撤乡减员，使省级财力向下转移，并缓解县级财政困难。2007 年，为了促进资源枯竭城市转型，设立了资源枯竭城市转移支付。2008 年，为了保障国家生态安全，引导地方政府加强生态环境保护力度，提高国家层面重点生态功能区所在地政府基本公共服务保障能力，促进经济社会可持续发展，在均衡转移支付项下设立了国家重点生态功能区转移支付。

其次，财政管理更加精细、转移支付分配办法更加科学是落实中央政策的要求。1995 年实施过渡期转移支付办法，要求建立以因素法为基础的公式化分配制度，以标准财政收入和标准财政支出作为计算转移支付的依据。这两个指标则由一些能反映地方特征的客观因素作为指标来测算。过渡期转移支付改名为一般性转移支付后，仍然采用这种方法核算均衡性转移支付数额，并越来越规范、公正和科学，改变了以往分税制财政管理体制改革前中央财政与地方财政"一对一"谈判、"讨价还价"的财政管理体制模式，避免了中央随意确定对地方补助数额的情况发生。随着转移支付规模的增大，近年来，中央财政努力增强转移支付的透明度，广泛征求理论部门与地方财政部门的意见，共同探讨转移支付的基本理念和架构，充分吸收学术界的研究成果，不断完善中央转移支付的测算办法。同时，邀请地方财政部门参与每年均衡性转移支付测算，提高了转移支付技术方法的科学性，参与式预算管理的开展和推进规范了理财理念，为形成更多的统一意见、完善省级以下转移支付制度的推进工作起到了不小的作用。不仅如此，转移支付办法、数据来源与测算结果常常被政府部门向社会公开，保证一般性转移支付测算的公平、权威，转移支付测算中采用的数据均来源于公开发行的统计年鉴，或者权威机构的测算数据。

中央财政在不断丰富转移支付类型、完善转移支付办法、推动财政管理精细化进程中，落实了中央宏观政策，取得了良好的效果。主要表现在以下几方面。

1. 缓解了地方财政困难

从 1994 年实行分税制改革以来，中央转移支付规模不断扩大，有效缓解了地方财力的不足。1995 年建立的中央对地方过渡期转移支付，2000 年实施的民族地区转移支付，1999年、2001 年、2003 年和 2006 年中央多次出台的调整工资转移支付，2000 年中央实施的农村税费改革转移支付，2005 年出台的缓解县乡财政困难的奖补政策等财力性转移支付制度的实施，有效地缓解了欠发达地区财政支出不足和收支矛盾状况，基本保证了财政困难地区的工资发放和机构运转，提升了欠发达地区的财力水平。

2. 缩小了区域间的财力差距①

区域之间人均可用财力差距不断缩小，缩小的原因主要在于国家转移支付资金分配主要面向中西部。2010 中央对地方转移支付完成 27347.72 亿元，比上年增长 15.5%。中央对地

---

① 由于资料收集的原因，此处仍以三大经济带划分的东、中、西部为对象进行比较。

方转移支付分配过程中，充分考虑了地方的困难程度和支出需求，着力缩小区域间的财力差距，有力地促进了区域协调发展，推动了基本公共服务均等化进程。2010 年，中央对地方一般性转移支付为 13235.66 亿元，其中东、中、西部的比例分别为 11.3%、44.1%、44.6%；中央对地方专项转移支付为 14112.06 亿元，其中东、中、西部的比例分别为 19.4%、39%、41.6%。如果东部地区人均一般预算收入总额为 100，2010 年，中、西部地区人均一般预算收入分别为 36 和 41，经中央转移支付后，中、西部地区的人均财政收入分别达 67 和 87，差距明显缩小。

3. 支持了欠发达地区的经济社会发展

随着中央对地方转移支付规模的快速增长，转移支付日益成为欠发达地区的主要收入来源。转移支付支持了欠发达地区行政工作的正常运转和社会事业发展，对落实中央民生政策、促进经济转型起到了重要作用；同时，有效缩小了地区间财力差距，促进了地区间基本公共服务均等化，促进了欠发达地区的经济社会健康持续发展。

4. 促进了民族团结和巩固了边防

中央政府实现社会政治目标的手段多样，但要保证一个国家经济的稳定、持续、健康发展和社会的民族团结、长治久安，财力雄厚的中央财政是必不可少的。随着中央转移支付制度的不断完善，中央从富裕地区集中财力增量，为缩小地区差距提供了保障。1994～2008 年，中央从沿海 8 省市累计集中净增量 36584.98 亿元，同时对民族 8 省份累计净补助 11160.13 亿元。1994 年，中央对民族地区转移支付资金只有

92.5 亿元，而到了 2008 年，这项资金达 4159.0 亿元，增加到 1994 年的 45 倍。中央对民族地区转移支付的增加，增强了民族地区的地方财力，弥补了其收支缺口，缩小了与发达地区的差距，促进了民族团结，增强了国家的凝聚力，为巩固国家的统一起到了很好的保障作用。

第四节　现行中央转移支付存在的问题

我国现行的中央转移支付制度比较复杂，从实施分税制改革的那一刻起，就与传统财政体制的改进交织在一起，体现为既包括旨在增进地方财力均等化以及矫正外部性的一般性转移支付和专项转移支付，也包括旨在照顾传统财政体制下地方政府既得利益的税收返还。虽然形成了多种转移支付形式，转移支付规模不断扩大，制度体系规范化程度逐渐提高，但与规范的转移支付相比，仍然存在如下不足。

1. 中央转移支付的比例偏高，总量不足

从上面的数据统计中可以看到，1994 年分税制改革后，我国没有一个省级行政区域在任何一年实现财政盈余。现行的中央与地方财权和事权的划分，使得中央政府得到了较多的财政收入，而地方财政收入远远小于地方政府的财政支出，地方财政支出的 40% 以上必须依赖中央政府的转移支付。这个比例远远高于美国的比例，美国地方政府只有近 20% 的收入来自中央政府转移支付。这说明中国转移支付的度量上存在需要思考和协调的问题。从经济效率上说，地方政府的事权多，划分的财权就应该大，应该得到更多的税收，这样才能使事权与财权互相匹配。但就我国地方财政来说，30%的财权要承担70%的事权，导致中央转移支付比例偏大。中央财政集中了过多的财力，在转移支付过程中会产生不必要的损耗，也影响了地方财政支出的自主性。

同时，分税制改革使得地方财政收入大量增加，经济体制改革的需要也使得地方财政支出迅猛膨胀。1994年地方财政收入和地方财政支出分别为2311.6亿元和4038.19亿元，但到2009年，这两项指标分别增加到32602.59亿元和76299.93亿元，地方财政支出的增长率明显高于地方财政收入的增长率。中央转移支付弥补地方财政收支不均衡的压力越来越大，表现在只能保证地方的一般性公共财政支出，对于过多的基本公共服务支出无能为力，总量明显不足。

2. 中央转移支付的构成不合理

我国现行的中央转移支付体系包括税收返还、一般性转移支付和专项转移支付。税收返还是为照顾地方既得利益而设立的特殊转移支付形式，它不具备均等化的作用，只具有激励地方财政的功能。1994年，税收返还占中央转移支付的比例为73.3%，到2010年降为16.3%，呈逐年快速下降趋势，但与合意的一般性转移支付占比相比还是较大。一般性转移支付是最符合转移支付制度设计原则的，但我国的一般性转移支付经历曲折，从过渡期转移支付开始，到2010年正式更名为一般性转移支付，其占中央转移支付的总量比例只由14.8%上升到40.2%，这种以因素法核算的转移支付份额增长较慢。专项转移支付的公共均等化目标不强，带有更多的中央政府的特定宏观目标，其占中央转移支付总量的比例在1994年和2010

年分别为 11.5% 和 43.5%，现在所占比例超过了一般性转移支付占比，增长速度也高于一般性转移支付的增长速度。说明在中央转移支付资金中，以因素法为依据测算出来的均等化转移支付，主要表现为一般性转移支付所占比例仍然极低，其他在新旧体制并存中维持原有既得利益格局的转移支付占比不合理，而且专项转移支付更富随机性特征。如果把专项转移支付和税收返还两项合并计算，这个比例更高，达近60%。也就是说我国的中央转移支付体系中，专项转移支付和税收返还的比例构成不太合理，应减少这两项转移支付的比例，大量增加一般性转移支付。

3. 中央转移支付的导向不明

在公平或效率目标下，中央转移支付制度的资金分配格局如果偏离其合意水平，就会产生结构性偏差问题，主要表现在地区性偏差和行业性偏差两个方面[1]。较多地考虑了地方的政治重要性而产生的地区性偏差明显不利于横向均等化目标；而行业性偏差导致转移支付偏向有利于决策者利益的行业，使一些关系国家社会长远发展的公共服务领域供给不足或不平衡，也明显不利于横向均等化目标的实现和经济增长激励效果。

具体来说，中央转移支付体系中，税收返还因为充分保障了地方政府的既得利益，极大地推进了分税制改革的进程。但税收返还的政策目标与中央转移支付的均等化目标大相径庭。

---

[1] 李达：《中国政府间转移支付的新政治经济学分析》，复旦大学博士学位论文，2006，第 141 页。

这可以从税收返还的具体措施①中看出来，这些以增值税、消费税、所得税的税基为基础的税收返还都与经济发展水平关系密切，这说明税收返还规模完全取决于经济发展水平，而且表现出一种完全正相关的关系。即如果地方经济发达，财力充裕，则地区得到的税收返还额多；相反，经济欠发达地区由于财力不足，得到的税收返还额少。也就是说，税收返还是一种"经济增长"导向性的中央转移支付。这种转移支付不考虑各地区有差别的税收返还基数和增长率，不仅不利于解决公共服务水平差距大的问题，而且对历史原因造成的财力分配不均也没有任何作用。这样势必偏离中央转移支付的财力均等化目标。

我国中央转移支付的导向不明还表现在一般性转移支付是"公共服务均等化"导向的，专项转移支付是"公共服务均等化"或"经济增长"导向的。这些导向目标交织在一起，使得中央转移支付的总体导向不清楚，没有起到保证最基本的社会公共服务的作用，一些制约因素使得财政转移支付在公共服务水平方面的政策效应不能充分显现，也无法纳入计量模型检验②。

4. 中央转移支付的平衡效应不足

当前中国的财政转移支付体系有两个明显的特征：第一，

---

① 如"两税返还"的分享比例是以 1993 年中央与地方的增值税和消费税为基数逐年递增，递增率按两税平均增长率的 1∶0.3 系数确定，税收返还基数会随着时间以环比方式逐年递增；2002 年的所得税共享制度办法规定，以 2001 年的所得税为基数，超收部分由地方上解，不足部分由中央补助；2009 年又新增成品油价格和税费改革税收返还。

② 引自赵楠、艾成华：《财政转移支付在民族地区公共服务均等化中的效应及改进措施研究》，《西南民族大学学报》2010 年第 10 期，第 148 页。

为得到地方政府对改革的支持和对中央政府的认可，中央政府在转移支付中设置了以保障地方政府既得利益为目的、以来源地为基础的税收返还体系，并占有较大份额。尽管收入来源地规则较好地顾及了地方政府的既得利益，在政治上易于被广泛接受，但它是以牺牲省际公平为代价的，因为收入来源地规则并不具有公平的再分配效应，无益于实现财力均等化目标，所以直接导致了转移支付在平衡省际横向财力时的失效；第二，以税收返还和专项转移支付为主的中央转移支付是在中央与省级政府之间进行的，省级政府在保证本级财力的优先目标下，基层政府的财权很容易被损害到，使转移支付无法实现各级政府纵向财力的平衡。这是因为中央转移支付在中央与省级政府之间进行时，二者之间的博弈规模会受到过多的地方政府的层级影响，中央与地方政府之间的关系会愈发隐性化与复杂化。省级政府在保证本级财力的时候，通常会使基层政府（县乡级政府）在财权事权划分问题上处于博弈弱势，基层政府的财权容易受到损害，最终导致基层财政的困难。而且政府层级越低，财政越困难。

5. 中央转移支付的支出绩效低

支出绩效偏低是我国现行中央转移支付的普遍特征，是由我国不合理的财政转移支付体系造成的，主要通过专项转移支付的效果体现出来。在我国现行的中央转移支付体制下，专项转移支付比例过高，1994 年其占中央转移支付总额的 11.5%，到 2010 年就上升到 43.5%，已占据了转移支付的半壁江山，由此引发了资金使用效率严重偏低等一系列的问题。效率低主要表现为，存在大量缺乏事权依据的专项资金的分配使用，各地区之间在分配专项资金时缺乏整体效率，随意性大。从国外专项转移支付资金补助和分配经验来看，其使用范围一般都限定于具有明显的外溢性特征的公共项目，或者是需要上下级政府共同分摊其成本费用的项目，这样可以在一定程度上限制地方政府的财政行为。某些基础性项目、公益事业项目和单项事业发展项目内的建设就属于这种投入方式。而中国目前的专项拨款几乎覆盖了所有的预算支出科目，补助范围繁杂，难以发挥规模效益。而且，中国长期以来形成了"只管拨款，不管用款；只管跑款，不管监督"的现象，在缺乏行之有效的监督管理体制下，大量财政转移支付资金在被拨付到各部门之后就处于失控状态，造成国家大量财政资金的低效。

除此之后，大部分中央转移支付资金被地方政府用于一般性公共财政支出，而非基本公共财政支出也是造成中央转移支付效率偏低的一个原因。

第四章 欠发达地区财政依赖中央转移支付的特征——以云南省为例

在第三章中，我们已经对我国中央转移支付的发展历程、基本情况和现行中央转移支付所取得的宏观成效及存在的问题进行了全面的梳理。本章将通过数量统计方法深入分析中央转移支付与欠发达地区财政之间的关系，从中提炼出欠发达地区财政依赖中央转移支付的特征事实，并以云南省为例，探析欠发达地区财政依赖中央转移支付的原因。本章结构安排如下：第一节通过分析发现欠发达地区财政对中央转移支付的依赖度高的特征，第二节揭示欠发达地区财政对各类转移支付的偏向性不一致的特征事实，第三节为欠发达地区财政依赖中央转移支付特征的原因解析。

欠发达地区财政实际上是我国财政体系中最薄弱的部分，主要是大多数欠发达地区财政是典型的"吃饭财政"，财政收入勉强仅够保证工资的发放，欠发达地区政府在本地区的卫生事业、农村义务教育等许多重要的公共事业项目方面的投入都存在资金缺口，具有显著依赖中央转移支付的特点。

第一节　欠发达地区财政对中央转移支付的依赖度高

一　分税制与地方财力缺口

分税制实施以后，中央财政收入的增加，增强了中央政府对地方财政的支配能力，其直接的表现就是中央政府可以通过大量的转移支付影响地方财政的收支行为。

中央政府实施大量转移支付的前提是地方财力存在缺口，而财力缺口的产生与分税制不无关系。其实，分税制的实质就是中央与地方的财力分配，这个分配包括两个阶段，第一个阶段是按照分级分税划分的税种分别组织中央与地方财政收入，即中国统计年鉴公布的中央预算收入和地方预算收入部分，我们称之为"初次分配"阶段。第二个阶段是在初次分配基础上进行的"再分配"。初次分配可能造成中央财力缺口和地方财力缺口。中央财力缺口理论上可为正也可为负，正的财力缺口表示中央政府在初次分配中集中了富余的财力，这可以作为再分配的资金来源，通常以中央转移支付形式调节全国财政平衡；负的财力缺口表示初次分配不足以平衡中央政府的财政收支，此时需要以地方上解或以国家债券融资形式解决。而地方财力缺口在我国地方财政不具备发行债券权限的规定下，大多由中央政府以税收返还、一般性转移支付和专项转移支付及各种特殊补助的形式来弥补，也就是中央对地方实行税收返还和转移支付补助、地方向中央实行上解之后，形成中央可支配收入和地方可支配财力，我们称之为"再分配"阶段。所以中央转移支付是对分税制造成的财力缺口的弥补，是一种再分配过程。图4－1描绘了在我国中央与地方"初次分配"阶段，收入与支出的比重变化情况。

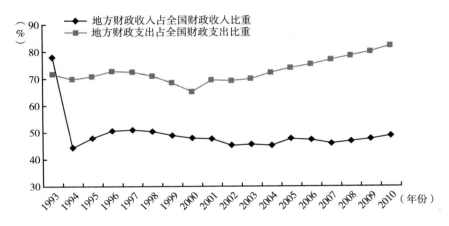

图4－1　地方财政收支分别占全国财政收支的比重

资料来源：中经网统计数据库。

从全国来看，地方财政支出占全国财政支出的比重总体变化不大，2003年之前在70%左右波动，但之后这个比例开始持续缓慢上升，2010年达到82.2%。地方财政收入占全国财政收入的比重由1993年的78%骤降到1994年的44.3%，此后的年份一直在这个水平徘徊。这可以说明，中央通过分税制改革（税种的划分）集中了大量的地方财政收入，占财政总收入的20%～30%。而在地方财政支出没有明显变化的情况下，地方财政收入减少带给地方政府的结果就是财政收支缺口的增大，1994年的缺口为25.4%，2010年的缺口为33.3%，有增大趋势。从图4－1可以直观地看出，自分税制实施以来形成的地方财政收支缺口巨大，这个缺口需要依靠中央对地方的再次分配（转移支付）进行平衡。

　　地方财政为了弥补财力缺口而获得中央转移支付与地方财政支出的比例，称为财政依赖度。从图 4 - 2 可以看出，在分税制实施以前，地方财政自给能力系数①比较高，1991 年为 0.963159，1992 年为 0.973598，1993 年为 1.018377，基本能自收自支②。分税制改革的 1994 年，地方财政自给能力就下降为 0.572，之后稍有起伏，2010 年为 0.5497，总体有微弱的下降。分税制改革前，地方财政对中央的依赖度较小，1991 年和 1992 年中央给予地方的财政补助只占地方财政支出的 3%～4%。但 1994 年及以后，地方财政支出的 45% 左右都靠中央的转移支付支持。2009 年这个比例达到最高，为 0.466，最低的年份是 1997 年，也达到 0.3397。说明地方财政支出的执行对中央转移支付的依赖性较强。

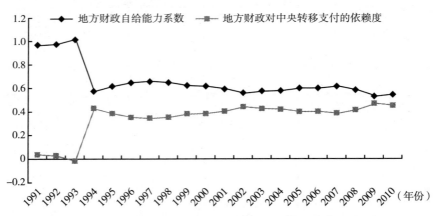

图 4 - 2　地方财政自给能力与对中央转移支付依赖度

资料来源：中经网统计数据库。

① 地方财政自给能力系数 = 地方财政收入/地方财政支出
② 1993 年的地方财政自给能力系数大于 1，其原因是分税制改革的税收返还将以 1993 年为基数，地方财政在该年的财政收入做到了应收尽收，大量增加。

二　欠发达地区财力缺口与财政依赖度

现在考察欠发达地区的财力缺口与财政依赖度，主要采用把欠发达地区置于三大区域中进行分析对比的方法来得出其基本特征。因为三大区域包括的范围不一致，财政收入与财政支出的绝对量就没有比较的意义，所以我们以实施分税制之后人均财政决算收入（人均一般预算收入）和人均财政决算支出（人均一般预算支出）的变化情况，来说明财力缺口的变化。

从横向比较来看，从图4－3可以看出，分税制以来，中等发达地区和欠发达地区的人均一般预算收入增长幅度基本相等，但增长显得十分缓慢。1994年中等发达地区的一般预算收入为140元，欠发达地区为138元；2010年两个区域分别为1974元和2019元。而发达地区的人均一般预算收入在1994年和2010年则分别为314元和4983元，增长相当迅猛，增长了近15倍。增长幅度的不一致相应地使得发达地区与欠发达地

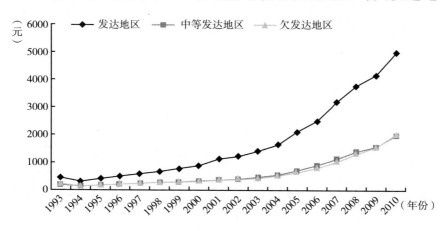

图4－3　三大区域人均财政收入

资料来源：中经网统计数据库。

区之间、发达地区与中等发达地区之间的差距持续扩大。

从统计口径上来看，一般预算支出大致等于一般预算收入加上净补助（净补助 = 中央转移支付 - 地方上划）。所以从图 4 - 4 可以看出，三大区域之间的人均一般预算支出的差距小于人均一般预算收入的差距。之所以这个差距在缩小，就是因为转移支付在起作用，这与中央转移支付设计的初衷为平衡地区之间财力的差距是相吻合的。尤其是欠发达地区，在接受中央转移支付后，与发达地区之间的人均一般预算支出差距缩小明显，说明相对于中等发达地区来说，欠发达地区获得了更多的中央补助，这是因为中央转移支付政策向欠发达地区倾斜。

但是，我们也应该看到，虽然各区域获得的中央转移支付不断增加，但随着时间的变化，地区间的人均一般预算支出差距还是在不断扩大。1994 年三大区域之间的差距（最大差额是发达地区与欠发达地区之间的差额）只有 222 元，而 2010 年最大差距由发达地区与欠发达地区之间的差距变为发达地区与中等发达地区

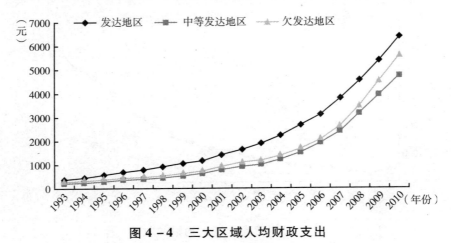

图 4 - 4   三大区域人均财政支出

资料来源：根据中经网统计数据库整理计算。

之间的差距，为 1616 元①。这从另一个方面说明地区发展不平衡带来的非均等效应远远大于转移支付所带来的均等化效应。

从纵向比较来看，虽然从图 4 - 2 中可以看出地方财政支出对中央转移支付的依赖度约为 40%，但三大区域的财政状况差距较大，使得它们对中央转移支付的依赖度有较大的不同。从图 4 - 5 可以看出，发达地区的财政依赖度最小，欠发达地区的财政依赖度最高，相当于发达地区的 3 倍；中等发达地区的财政依赖度也较高，但小于欠发达地区。从变化情况来看，发达地区的财政依赖度有下降的趋势，其依赖度从 1994 年的 32% 下降到 2010 年的 22%；而中等发达地区和欠发达地区的财政依赖度却表现为上升趋势，欠发达地区的财政依赖度从 2001 年开始就超过 60%，2009 年和 2010 年分别达 66% 和 64%。相

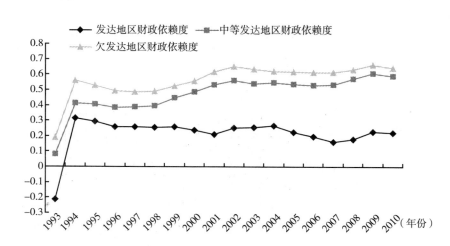

图 4 - 5　三大区域财政依赖度

资料来源：根据中经网统计数据库整理计算。

----

①　即使扣除价格因素的影响，这个差距的增加也比较明显。

对于发达地区，这个比例较高。这也可以从图4-6中人均财政支出和人均财政收入的差距不断增大看出来。

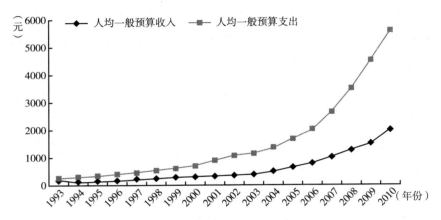

图4-6 欠发达地区人均财政收入和人均财政支出

资料来源：中经网统计数据库。

云南省作为欠发达地区的一个重要组成部分，其财政依赖度也比较高，见图4-7。

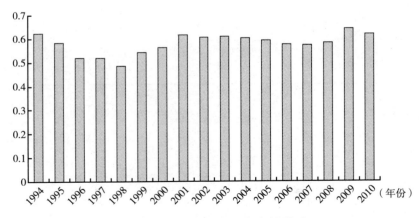

图4-7 云南省财政支出依赖度

资料来源：根据中经网统计数据库整理计算。

从图 4－7 可以看出，云南省财政支出对中央转移支付的依赖度在分税制实施以后的大部分年份里，都接近 60% 的水平。相应的，1995 年云南省财政自给能力系数为 0.41833，2009 年财政自给能力系数下降为 0.35764，说明云南省的财政收支差额较大。

如图 4－8 所示，虽然分税制改革以后，云南省一般预算收入与一般预算支出都有明显的增加，但从图中可以看到，云南省一般预算支出的增速远远快于一般预算收入的增速，两条折线之间的差距越来越大。

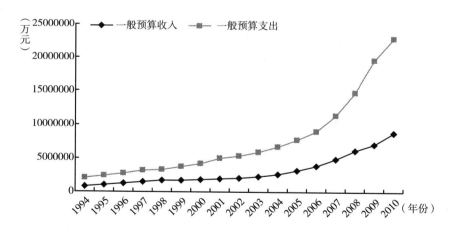

图 4－8　云南省一般预算收支

资料来源：根据中经网统计数据库整理计算。

但是，云南省财政的运行与其他欠发达地区相比存在一些不同之处，主要表现为云南省的财政总收入①相对较高，在大多数的年份里，其财政总收入基本与一般预算支出相持平。也

————————————

① 　地方财政总收入＝地方一般预算收入＋上划中央税收收入

就是说，云南省财政接受中央的净补助其实很小，2000 年以前，云南省向中央上划的部分甚至超过了中央向云南省的转移支付，是一个净上划的省份。这对于欠发达地区的财政来说，是很特殊的。从 2007 年开始，云南省的一般预算支出才超过财政总收入（见图 4 - 9），成为接受中央转移支付的净补助省份，2010 年净补助数额为 4764265 万元。

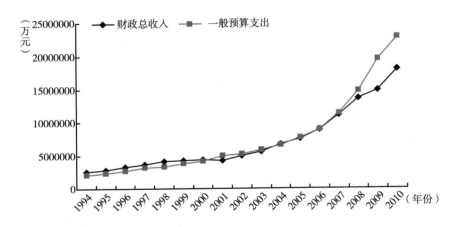

图 4 - 9　云南省财政总收入与一般预算支出

资料来源：云南省财政厅编《云南省地方财政运行分析》。

从 1994～2010 年云南省财政总收入和云南省财政一般预算收入在全国排名的变化情况来看，云南省财政总收入在全国的排名相对靠前，但上划中央税收（主要是上划中央增消两税、中央企业所得税和个人所得税）后一般预算收入排名有所下降（见表 4 - 1）。如 1994 年云南省财政总收入在全国排第 6 位，上划中央"两税"后，一般预算收入排名下降到第 14 位；2000 年云南省财政总收入在全国排第 8 位，上划中央"两税"后一般预算收入排名下降到第 14 位；2002 年云南省

表4－1　云南省财政收支主要指标及在全国所处位次情况

年份	财政总收入（万元）	全国排位	一般预算收入（万元）	全国排位	一般预算支出（万元）	全国排位
1994	2587699	6	767018	14	2037309	4
1995	2852565	6	983491	15	2350993	6
1996	3321933	6	1300129	13	2703945	7
1997	3699404	6	1504181	12	3132012	6
1998	4103546	6	1682347	13	3280023	6
1999	4254304	7	1726690	14	3780468	7
2000	4331580	8	1807450	14	4141074	11
2001	4326085	10	1912799	16	4964302	11
2002	5012387	11	2067594	15	5268906	13
2003	5549148	12	2289992	15	5873475	11
2004	6659254	12	2633618	16	6636354	13
2005	7513822	13	3126490	18	7663115	14
2006	8860415	15	3799702	18	8935821	16
2007	11102171	15	4867146	18	11352175	15
2008	13599548	13	6140518	18	14702388	15
2009	14908186	15	6982525	19	19523395	14
2010	18092969	17	8711875	20	22857234	14

资料来源：云南省财政厅编《2010年云南省地方财政运行分析》，第24页。

财政总收入排在全国的第11位，上划中央"两税"和所得税后一般预算收入排名下降到第15位；2010年分别是第17位和第20位，表现出相同的变化趋势。而一些东部的发达地区，如北京、上海、广东等，同期其财政总收入和一般预算收入在全国的排序表现出基本一致的特点，上划中央税收没有对其有任何影响，即排名基本保持不变；与云南经济社会发展程度相近的四川、广西等地区，在全国的排名与云南的完全相反，没有上划中央税收之前，排名一般都靠后，当向中央上划税收后，其一般预算收入在全国的排名不但不降反而更靠前，这与云南刚开始财政总收入在全国的排名比较靠前，上划中央"两税"后的排名则大幅下降的情况恰恰相反。这从一定的层面说明分税制给云南造成了比其他地区更大的影响。

分税制体制改革促进了云南省对下级财力分配的纵向均等化和横向均等化，促进了公共财政建设，但也给云南省财政发展带来了一些影响，主要是削弱了云南省财政的实力。云南省税源结构比较特殊，长期以来以"两烟"收入为支柱，消费税是主体税种，占比较高。以 1994 年为例，在全国实现的消费税收入和增值税收入中，有 18% 是消费税收入，82% 是增值税收入。而云南省的消费税收入占比较高，达到 55%，增值税占 45%，这种特殊的税源结构在全国是不多见的。而中央与地方实行的"两税"返还制度是从"两税"中增值税占比较高的局面出发，以保全大部分地区的利益为重点的，分别采取增值税存量留地方，增量按 75%:25% 的比例共享，中央再从集中的 75% 中按 1:0.3 与地方税收返还基数挂钩，适当返还地方一部分。而消费税则是存量留地方，增量中央全部集中后再按递增比例 1:0.3 返还地方。这使得中央通过"两税"返还的这种方式从云南省获得了比其他省份更多的收入。在现行分税制财政体制下，云南省的财力增长缓慢，与其经济社会发展的实际严重不相符。

第二节　欠发达地区财政对各类转移支付的依赖度不一致

分税制改革以后，中央政府进行了以转移支付为主的再分配。地方政府通过接受税收返还、体制补助、专项补助、一般性转移支付等多种形式的补助来弥补自身的财政支出缺口。

就转移支付的三大类型来讲，税收返还是中央政府照顾地方既得利益的一种制度设计；专项补助是中央政府对地方政府下达的一些临时性、专门性的补助；而均衡性转移支付则是最体现转移支付均等化原则的类型，主要用于基本公共支出。税收返还的制度设计考虑了其比重将随着时间的推进而不断下降，1995 年其比重为 73.3%，到 2010 年变为 16.3%。中央自 2000 年开始下达多种转移支付补助，专项补助的比重却在不断上升，由 1995 年的 11.5% 上升到 2010 年的 43.5%。而一般性转移支付则主要是用来平衡地区间财力的，这个比重由 1995 年的 14.8% 增加到 40.2%，说明地方接受的中央转移支付中，越来越多的是用于均衡性的目的。

但分区域进行考察时，却发现欠发达地区所接受的中央转移支付中，并不具有上述规律性。下面分三个图对发达地区、中等发达地区和欠发达地区所接受的各类别中央转移支付的情况进行分析（见图 4-10 至图 4-12）。

一　欠发达地区财政与税收返还

从图 4-10 可以看出，发达地区获得的税收返还远远高于中等发达地区和欠发达地区，从 2001 年开始，发达地区与中等发达地区、欠发达地区之间的差距开始拉大，并有扩大的趋势。欠发达地区所获得的人均税收返还则是三大区域中最少的，一直位于最下端。但与中等发达地区的差距不是很大，1999 年相差 12 元，到 2007 年相差 16 元。

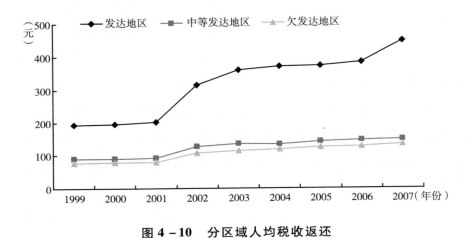

图 4 - 10   分区域人均税收返还

资料来源：全国地市县财政资料（由于资料收集的原因，只能描述 1999 年到 2007 年的）。

二　欠发达地区财政与均衡性转移支付①

从图 4 - 11 可以看到，三大区域所获得的人均均衡性转移支付也有逐渐增加的趋势，但发达地区远远比不上中等发达地区和欠发达地区的增长速度，发达地区所获得的人均均衡性转移支付是最低的。

———————

① 此处的均衡性转移支付是指现口径下一般性转移支付中的均衡性转移支付。

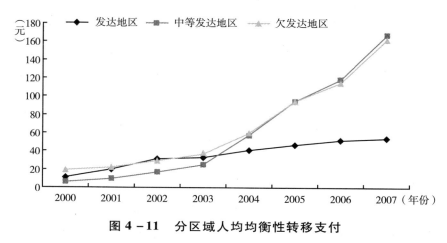

图 4 – 11 分区域人均均衡性转移支付

资料来源：全国地市县财政资料（由于资料收集的原因，只能描述 1999
年到 2007 年的）。

三 欠发达地区财政与专项转移支付

从图 4 – 12 可以看出，三大区域获取中央专项转移支付的
变化趋势基本相同，都是随着时间推移不断上升，这可能是中

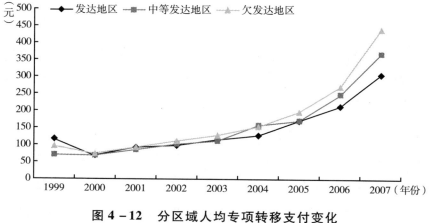

图 4 – 12 分区域人均专项转移支付变化

资料来源：全国地市县财政资料（由于资料收集的原因，只能描述 1999
年到 2007 年的）。

央财力增大,"两个比重"和"国家能力"提高了,中央有更多的实力对地方财政进行干预的结果。但分区域中,欠发达地区所获得的人均专项转移支付最多,大于中等发达地区和发达地区,发达地区所获得的则是最低的。

我们按三大区域对分项转移支付的依赖度进行排序(见表4-2),可以得到一些基本结论。

表 4-2　三大区域对分项转移支付的依赖度排序

转移支付类别	三大区域依赖度排序
人均税收返还	发达地区 > 中等发达地区 > 欠发达地区
人均均衡性转移支付	中等发达地区 > 欠发达地区 > 发达地区
人均专项转移支付	欠发达地区 > 中等发达地区 > 发达地区

相对于发达地区和中等发达地区,欠发达地区对中央财政的依赖主要集中在专项转移支付,其次是均衡性转移支付,而获得的税收返还则是最小的。这种依赖性非常畸形,不符合中央转移支付的均等化目标,因为从税收返还不具有均等化性质的角度来看,如果欠发达地区财政对它的依赖度最小还显得合理的话,那么欠发达地区对专项转移支付的依赖度最大就严重违背中央转移支付的设计初衷。合意的依赖强度应该是以均衡性转移支付为主,其余作为补充。

不过,中等发达地区与欠发达地区接受的均等化转移支付的比重都在逐步加大是一个好的变化。只是,地区间的公共服务水平仍存在天壤之别也是不争的事实,发达地区的政府有富余的财政资金用于基础设施投资建设,而中等发达地区和欠发达地区的政府则为保证日常的财政运转焦头烂额。这种情况的发生使得转移支付的分配功能解释能力大打折扣。所以在讨论财政转移支付的分配时，应全面深入理解这些收入分配背后的影响因素。

第三节 欠发达地区财政依赖中央
转移支付特征的原因解析

1. 财政收入比例过低

近代世界各国的经济发展实践表明，随着经济的不断发展各国的财政收入规模都在不断增长，甚至许多国家财政收入的增幅大于经济增长的幅度，即财政收入占 GDP 的比重呈不断上升的趋势。表 4－3 统计了典型国家财政收入占 GDP 的比重情况。

表 4－3 典型国家财政收入占 GDP 的比重

单位：%

国别	1979 年	1985 年	1989 年	1992 年
美　国	32.0	33.7	34.6	34.5
加拿大	36.6	39.6	40.4	43.0
澳大利亚	31.4	35.7	37.5	38.0
丹　麦	51.3	57.5	58.5	59.1
法　国	41.4	46.7	46.3	47.1
德　国	43.8	46.9	46.1	46.5
瑞　典	54.0	62.5	64.5	66.1
挪　威	54.9	53.6	56.9	58.0
英　国	38.1	43.3	42.5	39.8
马来西亚	28.4	35.0	30.0	32.5
新加坡	24.0	38.0	29.0	32.8
泰　国	14.9	17.3	19.5	18.6
印　度	17.0	—	—	22.2

资料来源：李丽：《中国区域间地方财政收入差异分析》，山东大学硕士学位论文，2009。（转引自张丽：《我国地方政府收入结构问题研究》，2003）。

　　我国财政收入规模也在改革开放以后得到了较大的提高，2000 年之前低于意大利、西班牙，2009 年之前低于英国，2010 年排位上升到第三位，其主要原因是经济高速增长、财政收入增长率高和人民币升值。财政收入规模的增加使其占 GDP 的比重也逐渐提高，如 2010 年这个比重达 21%，是分税制实行初年的 2 倍左右，见图 4 - 13。图 4 - 13 表明，中国 1994 年的分税制改革，实现了中央提高"两个比重"① 的目标，财政收入占 GDP 的比重增加了。财政收入的增加从全局来看是件好事，表明国家有资格推进基本公共服务均等化战略，有能力去调整经济结果。财政收入占 GDP 比重的提高，从总体上看，说明财政参与社会资源分配的能力增强了。

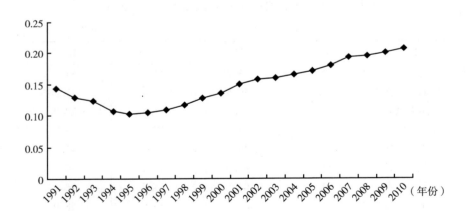

图 4 - 13　财政收入占 GDP 的比重

资料来源：中经网统计数据库。

---

① "两个比重"是指财政收入占 GDP 的比重和中央财政收入占全国财政收入的比重。

但从国际比较来看，我国财政收入占 GDP 的比重偏低，不仅低于世界平均水平的 25%，而且远远低于发展中国家的平均值 32%。从单个国家来看，我国的财政收入占比也同样低于人口过亿的相近国家，如印度、美国、日本、墨西哥等，这些国家的财政收入占比均超过 30%。

当然，不同经济水平下的财政汲取能力是不一样的，但国外学者多认为财政收入占 GDP 的比例应有个合理的界限，超过这一临界值就会对经济有负面影响。更何况，当前我国财政体系还出现了"两头弱化"的明显特征，在垂直的五级财政中，中央财政和县乡以下基础财政强弱分化明显，中央财政凭借税收制定权超常增收和大量举债，基础财政捉襟见肘。以现有的财政资源，中央政府难以扶持包括医疗、教育、扶贫、年金、基础设施以及环境保护在内的重点财政支出项目。

通常来说，财政收入与 GDP 呈正相关关系，但受产业结构的影响严重，主要原因是各产业之间的比例和各产业对地方财政收入贡献率不一样，各产业之间的任何一个因素变动都会导致财政收入的变动。在我国现行的税制下，非农产业一般不构成税收的主要来源，税收的较大贡献率来自第二和第三产业。那么在我国的不同种类区域中，欠发达地区受自然环境的影响，大多为农业经济，第二、第三产业所占比重相对偏低，经济增长的特点是来自工商业的财政收入增长缓慢，增长潜力比较小的农业税费①却依然成为欠发达地区财政收入的重要或主要来源。因此，欠发达地区财政收入增长的艰难有其必然性。

---

①　2006 年已全部取消农业税及农业特产税。

以云南省为例考察三次产业结构的变化特点，发现云南省的第二产业占比在近30年的经济发展过程中变化不大，保持在40%左右，2008年占到43%。第一产业占比虽有所下降，但幅度小，第三产业增加幅度与第一产业下降幅度差不多。云南省的财政收入来源主要还是第二产业（见表4－4）。

表4－4　云南省三次产业结构变化

单位：%

项　目	1978年	1992年	2000年	2005年	2008年
地区生产总值	100	100	100	100	100
第一产业	42.7	30.2	21.5	19.3	17.9
第二产业	39.9	35.4	41.4	41.2	43.0
工业	30.3	31.3	35.0	34.0	36.1
第三产业	17.4	34.4	37.1	39.5	39.1

资料来源：《云南经济年鉴2009》，第309页。

除此之外，从全国各省（自治区、直辖市）的横向比较看，经济发达的东部地区，非税收入占地方一般预算收入的比重相对较低；而在经济欠发达地区，这一比重却普遍超过全国平均水平。说明一般预算收入水平对非税收入的依赖程度与经济发展水平是一种负向的相关关系，即一般预算收入对非税收入的依赖度高，经济发展迟缓；而一般预算收入对非税收入的依赖度低，则经济发展程度高。所以要保持一般预算收入的长期稳定增长，还是要致力于地方经济的发展和繁荣[1]。而欠发

---

[1]　任晓珍：《透过数据看云南：2000～2004年全国财政经济数据解读》，中国财政经济出版社，2007，第20页。

达地区却偏偏不具备经济发展的优势。

所以，财政收入过低是欠发达地区财政严重依赖中央转移支付的重要原因。

2. 分税制运行不完善

从全国来说，分税制对中央与地方分享的税源划分不合理，大量优质的税源被划归中央，而零星不易征收的税源才划归地方，这首先造成了中央财力与地方财力的优劣势。另外，归中央与地方共享的税种大多数也有利于中央，因为中央不仅凭借税收制定权享有共享税的绝大部分，而且归国家税务局征管①的共享税源具有规模大、质量高的普遍特点，如铁道部门、各银行总行、各保险公司总公司集中缴纳的企业所得税由国家税务局征收管理，而其余的才归地方税务局征收管理；印花税中的股票交易印花税部分由国家税务局负责征管，一般性的印花税才归地方税务局；等等。中国税制尚不完善，在税收征管可能存在灵活性的假设下，对地方财政收入过少而严重依赖中央转移支付的现状负有不可推卸的责任。

从地方之间来看，欠发达地区相对于发达地区或中等发达

---

① 共享税分别由国家税务局和地方税务局征管。由国家税务局征管的共享税源包括：国内增值税；部分企业所得税（包括中央企业、中央与地方所属企业、事业单位组成的联营企业、股份制企业、地方银行、非银行金融企业、海洋石油企业、2002 年 1 月 1 日以后注册的企业、事业单位；2009 年以后新成立的企业，依据是否征收增值税等标准，其执法的范围又有所调整）；个人所得税中的储蓄存款利息所得部分；印花税中的股票交易印花税部分；铁道部门、各银行部行、各保险公司总公司集中缴纳的企业所得税、营业税、城市维护建设税。由地方税务局征管的共享税税源包括：资源税；上述国家税务局征收范围以外的部分企业所得税、绝大部分营业税、城市维护建设税和一般性印花税。

地区而言,更不具有获得较多税源的优势。以云南省为例,云南省是一个工业较不发达的欠发达省份,实行分税制改革的初期,以烟草经济为支柱的产业结构规模较小,农业占比较大,第三产业仍不发达。后来,烟草工业的迅速发展使得税收收入大量增加,但"两税"返还政策规定分别以 1993 年中央净上划收入为基数逐年递增,75%的增值税和 100%的消费税归中央,云南烟草工业发展所带来的新增税收几乎全部被中央以共享形式获得。因为烟草贡献的税收大多产生在流通环节,主要是增值税和消费税,正因为如此,云南一度成为财政净上划的省份。所以,对于具有资源优势的欠发达地区而言,财政支出严重依赖中央转移支付是必然。

3. 中央转移支付不完善

欠发达地区财政高度依赖中央转移支付,但依赖倾向于专项转移支付,这主要是因为欠发达地区财政所具有的条件不足以获取中央在一般性转移支付项下为了缓解地方财政困难而设立的"奖励和补助"优惠,比如对县乡的财政补助。

当然,从中央转移支付的角度看,中央为缓解地方财政困难的"奖励和补助"政策确实发挥了积极作用,但是其局限性却更应引起重视:首先,这些措施具有临时性。这些奖补措施大多是在现有的财政体制基础上的修修补补,这种政策假定现行财权和事权没有变化,因而在实践中其政策效果大打折扣。其次,这些措施公平性不足。如"三奖一补"的措施只对符合条件的地区有积极作用。虽然"三奖一补"是中央为了缓解县乡财政困难采取的重要措施,主要目的是通过奖惩机制促进困难县的自我约束。在实施过程中,在促进困难县压缩财政支出、减人增效方面起到了一定作用，但这项措施也存在一些问题，原因是奖励措施没有充分考虑困难县的经济、社会和财政基础条件。比如说，我国西北、西南地区的很多困难县，地处偏远地区，地理环境恶劣，不适宜种植作物，所以农业经济不发达，粮食奖励的效应不强。即所谓的困难县不一定等于粮食大县。再比如，很多困难县财政供养人员基数大，市场经济发育程度低，就业渠道窄，分流人员难度大，通过减员获取补贴的困难程度大。再比如，"三奖一补"政策明显地向收入能力强和经济较发达地区倾斜，因为困难县基本没有工业，或工业规模小、税收少，农业税减免后，困难县的税收总额基本呈下降趋势，这些因素制约了困难县财力的增长，所以通过提高财力获得补贴的可能性小。最后，这些措施助长了地方政府的短期行为。奖补数额的计算依据是地方财政收入，而不考虑收入的来源。在农业税取消之后，地方政府只能从第二、第三产业中筹集税收收入，所以地方政府对创办企业、创建工业园区等有较强的动力。而资源环境的保护、能耗则不是地方政府首要考虑的问题，这种拼资源、拼能耗的经济发展方式与中央提出的转变经济增长方式的要求大相径庭。

4. 财政支出结构及管理不合理

欠发达地区的财政支出压力过大且刚性过强，支出结构不合理，支出范围不清晰，矛盾日益突出。地方政府职能表现为严重的"吃饭财政"特征。政府职能"越位"现象突出，地方政府包揽过多、过宽，供应范围不仅涉及公共产品，还涉及非公共产品，行政管理支出占整个财政支出的比例明显上升，行政经费的急剧膨胀挤占了其他各项事业所需经费的正常增长空间。同时存在着政府职能"缺位"现象。地方财政支出缺口大，基本公共产品供应不足，教育、卫生以及社会保障等方面的支出占整个财政支出的比重都呈现明显下降的势头，严重制约各项公共事业的健康发展。欠发达地区财政支出"缺位"影响了资源配置的效率，难以保证市场机制的正常运行，即地方财政对财政资源在公共领域的配置效果不甚理想。

分税制改革以来，中央财政实力的增强有力地支持了一系列重大改革，财政收入来源稳定但数量仍不大，使得中央转移支付的规模有限，财政支出支持经济改革向纵深推进遇到了困难。尤其是欠发达地区，财政支出压力加大，限制了其财政的可持续发展。

第五章　中央转移支付对欠发达地区财政的影响分析

第四章总结了欠发达地区与中央转移支付之间的关系，具体分析了欠发达地区依赖中央转移支付的特征事实。本章将分别从均等化视角和财政激励视角系统分析我国中央转移支付对欠发达地区财政的影响，考察现行中央转移支付制约欠发达地区财政可持续发展的制度原因。

我国幅员辽阔，自然和人文环境千差万别，加上我国长期实施的沿海开放政策促进了东部沿海地区经济的长足发展，进一步拉大了其与中西部欠发达地区的经济社会发展差距，造成了我国地区间财力的巨大差距。2010年，我国省级人均财政收入最高的是上海市，人均财政收入高达1510.82元，西藏的人均财政收入最低，为117.72元，上海市是西藏自治区的12.83倍。这种财力的差距必然造成各地区不均等的公共服务能力，违背以均等化为目标的财政转移支付设计初衷。

同时，地方政府作为一级重要的利益主体，在接受中央转移支付的同时，会产生行为偏好。因为相对于以地方税收融资而言，地方政府在接受财政转移支付资金时的成本几乎可以忽略不计，这就造成了地方政府在追求收益最大化的过程中，可能出现以中央财政转移支付替代本级税收，进而使得转移支付降低了地方政府的财政努力，从而影响本地税收。另外，在实施财政分权的体制下，政府之间的税收政策策略具有互动性，可能会导致税收政策因横向财政竞争而变形。除此之外，因为存在财政支出的外部性，地区之间的财政竞争将加剧，在不合理的财政激励机制下，地方财政收入规模会出现低水平增长，而支出不断膨胀，完全扭曲了地方财政的收支结构，从而导致地方政府行为的无效率。

为此，本章将以现实经济数据为基础，运用变异系数分析的方法，研究中央转移支付的财力均等化效应；通过建立计量模型实证分析中央转移支付对欠发达地区财政努力行为的影响，详细考察各类转移支付（税收返还、均衡性转移支付、专项转移支付）的激励效应水平差异；通过对比地方财政支出中一般公共支出和基本公共支出的增长变化趋势，论证中央转移支付对欠发达地区财政支出行为的影响。

本章的结构为：第一节介绍中央转移支付的财力均等化效应，第二节分析中央转移支付对欠发达地区财政努力的激励效应，第三节考察中央转移支付对欠发达地区财政支出的影响，第四节讨论中央转移支付制约欠发达地区财政可持续发展的原因。

第一节　中央转移支付的财力均等化效应

国内学者在研究我国财政转移支付的均等化效应后，总体上认为我国财政转移支付的财力均等化效应并不突出。

一　我国地区间财力差异的现状

实行分税制后，我国于 1995 年建立了对地方的过渡期转移支付制度。过渡区转移支付制度要求按照统一的公式计算标准财政收入和标准财政支出，从而按一定系数对存在财政收支缺口的地区给予补助。通常来说，标准财政收入多的转移支付少，而财政越困难的地区补助系数越高。但这部分新增转移支付总量小，占中央对地方财政转移支付总额的比例一直较低。即使在一般性转移支付水平得到较大提高的 1998 年和 1999 年，一般性转移支付所占比例也仅分别达到 27.1% 和 34.1%，但税收返还和专项转移支付合计所占的比例仍然分别高达 72.9% 和 65.9%。这种状况表明，以税收返还和专项转移为主的转移支付更多地保护了地方的既得利益。所以，地区间财政收入差距没有被财政转移支付缩小，反而进一步加剧了区域间财力的不平衡（贾康、白景明，2002；傅勇，2008）。

虽然多数研究结论为中央转移支付没有缩小地区的人均财力差距，但不可否认一直获得高额转移支付的西藏等欠发达地区的人均财政收入确实比较低。以图 5－1 中 2009 年全国 31 个省级行政区的人均财政收入和净补助率两个指

标的散点图①为例，31个省区市之间的净转移支付率和人
均财政收入之间呈现高度的负相关关系，说明地方人均财
政收入低的地区得到的中央转移支付多；相反，人均财政
收入高的地区得到的中央转移支付少。从这一点上看，中
国目前财政转移支付对弥补落后地区的财力起到了很好的
作用，我国的中央转移支付是符合均衡地区财力的政策目
标的。

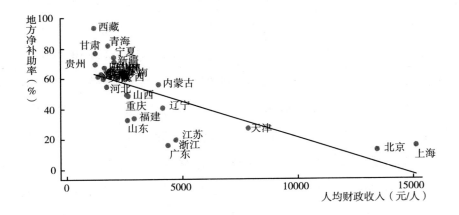

图 5－1　2009 年地方净补助率与人均财政收入散点图

资料来源：《中国统计年鉴 2010》。

---

① 在中国统计年鉴中，代表各地区财政收入和各地区财政支出的统计表中
只公布一般预算收入和一般预算支出，而且这些数据与"中央与地方财
政收入及比重"和"中央与地方财政支出及比重"统计表中相应的财政
收入和财政支出数据相同，所以我们认定一般预算收入和一般预算支出
就是财政收入和财政支出。由于中央财政和地方财政之间既存在地方向
中央的财政上解，也存在中央向地方的转移支付，所以我们用地方财政
支出与地方财政收入的差代表地方得到的净转移支付，即净转移支付额
＝地方财政支出－地方财政收入，用净转移支付额除以地方财政支出得
到净转移支付率。

　　我国中央对地方的转移支付制度从建立至今经历了一个不断完善、规范、优化的过程。在转移支付中逐渐加大民族地区、革命老区、边远地区等因素在公式化的转移支付测算中的权重，甚至后来将这些都作为均衡性转移支付而单列；随后的一些改革，如 2000 年西部大开发政策的实施、2002 年的所得税分享调整、2006 年的农业税取缔，中央加大了对地区间财政收入不平衡的干预力度，大大提高了中央对地方的均等化财政转移支付规模。这些措施都体现了扩大均等化效应的设计。"根据财政部预算司的统计，2001～2008 年间，我国转移支付规模已经增长了 2.62 倍，其中东、中和西部省份获得的转移支付分别增长了 1.66 倍、3.10 倍和 2.95 倍，我国东、中、西部三大地域的财政不平衡状况正在得到改善，各省份之间的财力不均等也正在得到扭转。"① 从总体上看，中央转移支付在很大程度上缓解了广大欠发达落后地区的财力紧张状况。

　　然而，当政府间转移支付问题迅速增加，特别是中央决策者为改变欠发达地区的公共服务落后状况而越来越明显地表现出向欠发达地区倾斜的转移支付政策意图时，区域间的差异仍然显著，尤其是省级以下的区域间差距变得越来越大。政府间转移支付制度为什么未能发挥应有的平衡地区间发展的作用？

　　为了回答上面提出的问题，反映我国中央转移支付在财力均等化方面的微观效应，本书仍以三大区域为对象，分析对比中央转移支付对欠发达地区的财力均等化效应。

---

　　①　转引自付文林：《均等化转移支付与地方财政行为激励初探》，《管理世界》2010 年第 11 期。

二 变异系数指标[①]

首先，在衡量地方财力差异的时候可以用绝对指标和相对指标。绝对指标反映地区间财力的真实差距，如 2007 年全国省级政府财力最高相差 14.74 倍。但这一指标往往较难反映全国总体的财力差异水平。当然选用相对指标也有一定的局限性，且没有通用的指标。实践中通常通过地区间人均财政支出水平离散程度加以描述，可采用的统计指标有极差、差异系数、基尼系数、泰尔指数等。但客观地分析，每个指标都有一定的侧重点和局限性，往往依据使用者的具体需要和侧重要说明的问题而定[②]。本章的分析中，采用变异系数分别考察全国省级财政和欠发达地区财政在接受转移支付前后所表现出来的财力不平等程度。

其次，通常用人均财政收入和人均财政支出衡量地区财力。人均财政收入考察的是地方筹集资金的水平，能准确代表其实际的财政能力。人均财政支出考察的是地方政府资金分配的期望和方式，更多的是对财政意愿的反映。因此，在讨论中央转移支付的地区财力效应时，本书选用人均财政收入和人均

---

① 变异系数是刻画经济变量离散程度的相对指标，它是一组数据的标准差与均值之比。变异系数越小代表相关变量的离散程度越低；反之，如果变异系数越大说明相关变量的离散程度越大。变异系数的公式为：

$$CV = \dfrac{\sqrt{\dfrac{\sum\limits_{i=1}^{n}(Y-\overline{Y})^2}{n-1}}}{\overline{Y}}$$

② 李萍：《财政体制简明图解》，中国财政经济出版社，2010。

财政支出来计算财力差异。具体来说，就是用人均财政收入（即人均一般预算收入）来计算变异系数，反映转移支付前的财力不平等程度；再用人均财政支出（即人均一般预算支出）来计算变异系数，反映转移支付后的财力不平等程度。通过比较，判断中央转移支付的财力均等化效应。

三　数据解释

按照变异系数的公式，选用 Stata 10.0 计量软件，采用中国统计年鉴公布的 1995～2009 年的各省区财政收入与财政支出数据，以及相应地区的总人口数，先计算得出各省区相应的人均财政收入和人均财政支出，然后计算得出全国范围内、欠发达地区范围内和非欠发达地区①范围内的变异系数值（见表 5 - 1）。

表 5 - 1　中央转移支付前后人均财力变异系数

年份	全国		非欠发达地区		欠发达地区	
	转移支付前	转移支付后	转移支付前	转移支付后	转移支付前	转移支付后
1995	0.96915793	0.71058029	0.93058693	0.7545073	0.42791280	0.65167165
1996	0.99354601	0.72172999	0.95228165	0.78539425	0.38217023	0.58799219
1997	1.03199480	0.76517153	0.99711800	0.84695321	0.34300813	0.54862803
1998	1.05442460	0.76949918	1.01159160	0.85312182	0.32680413	0.53893948
1999	1.06913940	0.76348108	1.01880190	0.84202439	0.29764953	0.54540437
2000	1.03674330	0.70158625	0.98164684	0.77035743	0.26475742	0.51267791
2001	1.09787180	0.71389604	1.02426600	0.75953710	0.27105030	0.66557407
2002	1.17611270	0.75869626	1.08294330	0.78035069	0.26969361	0.75763547

---

①　非欠发达地区包括发达地区与中等发达地区。

年份	全国		非欠发达地区		欠发达地区	
	转移支付前	转移支付后	转移支付前	转移支付后	转移支付前	转移支付后
2003	1.1997263	0.79016823	1.09940990	0.83250874	0.27421629	0.73891163
2004	1.2097340	0.76265830	1.11400660	0.83526331	0.28962615	0.58764756
2005	1.1819232	0.73305714	1.08042230	0.78419596	0.31100893	0.64519840
2006	1.1158503	0.67929769	1.01357980	0.73124123	0.31774005	0.58191180
2007	1.1253607	0.66743225	1.03083980	0.71245342	0.35193282	0.60631752
2008	1.0644281	0.62521487	0.98637688	0.64753991	0.36648524	0.61695814
2009	1.0068558	0.58733505	0.94396412	0.60194427	0.41448247	0.58741570

资料来源：根据相关年份《中国统计年鉴》计算。

从全国范围看，在接受中央转移支付前，各地区的人均财政收入差距相当大，除了 1995 年和 1996 年其变异系数为 0.9692 和 0.9935 之外，其余年份均大于 1。2004 年之前财政收入不平等的程度表现出不断上升的趋势，2004 年达到最高值 1.2097，之后慢慢下降，到 2009 年回落为 1.0069，但也没有降到 1995 年的水平。可以发现，地方人均财政收入不平等的程度表现出前升后降的变化趋势，这说明我国的人均财力在没有中央转移支付介入前差距相当大，并在总体上存在差距不断拉大的趋势。而在接受中央转移支付后，表现出三个特征：一是转移支付后的人均财力变异系数与转移支付前相比，均有不同程度的降低，其值全部降到 1 以下，基本上都在 0.7 左右徘徊，说明整体人均财力差异程度得到改善；二是中央转移支付对各地区财力不平等的改善力度不断加大，如 1995 年改善值为 0.2486，2000 年为 0.3352，2009 年为 0.4195，改善的程度比较显著；三是接受中央转移支付后各地区的财力不平等程度总体表现出减弱趋势，1995 年其变异系数值为 0.7106，2009 年为 0.5873，中间虽有上升，但可以看出各地区财力均等化趋势逐渐显现。

从非欠发达地区来看，其接受中央转移支付前后的财力差异特征基本与全国的相似。在接受转移支付前，非欠发达地区之间的人均财力变异也较大，接受转移支付后这种状况得到改善。只是其改善的力度没有全国的明显，以及接受中央转移支付后非欠发达地区之间财力不平等的减弱程度也相对较为缓慢。

从欠发达地区来看，其接受中央转移支付前的人均财力变异系数比较低，都小于 0.5，说明欠发达地区各省份的自身财力水平相当，不平等程度较低，这可能与欠发达地区的基本财力状况相似（即都较差）有关。而且在起初几年还呈现变异系数不断减小的趋势，2000 年达到最小值 0.2648。只是随后的年份这个系数又逐渐增大，说明不平等程度加大，到 2009 年其值恢复到大约 1995 年的水平，总体表现出了 U 形变化特征。而比较接受中央转移支付后的人均财政支出变异系数，却发现欠发达地区的差距不但没有缩小，反而加大了。首先，接受转移支付后的变异系数明显大于接受转移支付前的变异系数，说明中央政府没有使欠发达地区之间的财力差异得到改善，反而加大了它们之间的不平等程度。原因可能是中央实施转移支付时，在欠发达地区之间的补助仍然是不均衡的，存在对一部分地区的财力补助较多而对另一部分地区的财力补助较少的现象。其次，中央转移支付在一定程度上恶化了欠发达地区的不平等程度，如 1995 年、2000 年和 2009 年中央转移支付对变异系数的改变程度分别为 -0.2238、-0.2479 和 -0.1729；最后，接受中央转移支付后欠发达地区的不平等程度，即变异系数从时间纵向来看始终在 0.6 左右摇摆，没有随时间得到改善，财力均等化效果没有明显增强。

总体来说，中央转移支付在全国范围内和非欠发达地区范围内起到了财力均等化的作用，中央转移支付增加了地方财力，缩小了各地区之间的财力差距；而且中央转移支付的均等化效果越来越强，各地区财力的差距不断缩小。但是，仅从欠发达地区观察，中央转移支付没有实现很好的均等化效应，反而恶化了欠发达地区之间的财力均等化水平，欠发达地区之间的财力差距被拉大了。而且，中央转移支付随时间变化的负均等化作用基本维持不变。

第二节　中央转移支付对欠发达地区财政努力的激励效应

中央对地方进行转移支付有较多的理由，从理论上讲，包括弥补公共品的跨区溢出、均等化公共服务以及引导地区财政资源配置等，但结果毫无例外都是改变了地方政府的财政预算约束。当地方政府在均衡分权体制下的约束条件改变时，地方政府重新调整自己的最优财政决策就成为必然。也就是说，中央转移支付在实现其各项目标的同时，对地方政府行为产生了激励效应。具体来说，这种激励效应分为收入效应和替代效应。收入效应是指地方政府接受了中央政府的补助后，提高了自身可支配收入，降低了本地财政收入的征收力度，导致财政努力的下降。财政努力的下降加重了地方财政对中央补助的依赖，削弱了中央转移支付的政策效应。而替代效应是指地方政府在接受了中央政府的补助之后，降低了其提供公共服务的成本，导致地方财政公共支出规模出现扩张的倾向。

一　地方财政努力

1. 地方财政努力的定义

地方财政努力表示地方政府征税的能力和积极性，也称为税收努力，其定义较为复杂。

从国际上看，税收努力或财政努力的定义主要有两种：第一种是美国政府间关系顾问委员会（ACIA）的定义，认为税收努力是指政府利用税收能力（Tax Capacity）的程度，通常采用平均税率表示。第二种是国际货币基金组织的定义，其在进行了一系列研究之后提出，税收努力是指实际课税与理论预测的税收之间的一个比率。具体测算过程通常采用统计方法获取理论上应该课征的税收，再和实际课税水平进行比较，两者相除的值即为税收努力指数。

从第二种定义的测算方法可以得知，地方财政收入是地方财政努力设立的依据，所以应首先明确地方财政收入是按照财政体制的规定，由各级地方财政组织、支配和使用的财政资金，是地方政府履行其职能的财力保障。地方财政收入可以分为地方财政本级收入和补助性收入两大部分，地方财政本级收入是地方财政直接得到的财政收入，而补助性收入则是根据财政体制的规定，由中央政府通过转移支付方式转让给地方政府支配或使用的财政收入。按形式不同，地方财政收入可以分为地方税收收入、地方政府收费收入、地方政府财产收入和地方政府债务收入等。按预算管理方式不同，还可以把地方财政收入分为地方财政预算内收入和地方财政预算外收入。

从我国政府核算口径看，地方财政收入的这个表述不是很确切。因为在中国统计年鉴中只列有一般预算收入，其内容就是指财政收入。但通常情况下，地方财政总收入中既包括一般预算收入，还包括向中央上交的中央共享税部分。同时，中央按现行税收返还制度和财政转移支付制度，又同时对地方进行财政补助。这样，地方财政总收入中扣除中央共享税，再加上中央向地方的转移支付，大概就构成了地方政府的可支配财力，相当于地方财政支出。由于我国规定地方财政必须坚持平衡预算，所以地方财政支出与地方财政收入的差额一般由中央通过净转移支付或代发国债来解决。

所以本书中使用的实际地方财政收入仅指国家统计部门公布的地方一般预算收入项目，而非地方财政总收入、地方可支配收入等。

地方一般预算收入在实际筹集过程中会受到很多因素的影响，比如，宏观政策环境、当地经济发展水平、地方政府对财政收入筹集的主观因素等，因此即使宏观税率相当的地方，所筹集的财政收入也可能存在较大的差异。在理论上，宏观经济环境、社会环境和地方政府对财政收入筹集的主观因素都难以进行数量上的测定，加上采用的测算方法不同，其结果也可能不一样。因此，应该认识到地方实际财政收入和地方理论财政收入都并非完全准确，应客观科学地对待。

2. 地方财政努力的影响因素

我国现行的转移支付形式较多，主要包括一般性转移支付、专项转移支付、原体制补助、各项结算补助和其他补助等。这些类型的转移支付数额确定方式除了一般性转移支付采用因素法外，其余主要采用基数法。但无论基数法还是公式化的因素法，转移支付数额测算的实际依据都是地方财政收支缺口。在我国现阶段转移支付总量有限的情况下，可能造成各地方之间对中央转移支付的竞争。地方政府为了获得更多的中央补助，有可能并不提高自身的财政努力程度，形成中央与地方政府之间的转移支付博弈。

下面通过一个简单的博弈矩阵来说明地方财政在中央转移支付与地方财政努力之间的选择偏好。假设，中央政府可用于向地方的转移支付总量为 T。有两个税源环境一样的地方政府 A 和 B，其征税成本都一样大，设为 C，影响征税成本 C 的唯一因素就是财政努力程度。当两个地方政府都努力增加财政收入时，财政收支缺口均为 T/3，中央政府通过转移支付对 A、B 两个地方政府均进行补助，中央政府还将剩余 T/3 的财力；当 A 地方政府为了争取更多的中央转移支付而不努力征税时，其财政收支缺口为 2T/3，B 政府由于保持了与之前相同的财政努力程度，其财政收支缺口仍为 T/3，这样中央政府的可支配财力将全部用完；而如果 B 政府为了争取更多的中央转移支付而不努力征税时，其结果与 A 政府不努力征税时刚好相仿；当地方政府 A 和 B 都选择同样不努力征税时，无论其财政收支缺口为多大，中央政府只能按 T/2 的比例平均向两个地方政府进行补助。这种情况下，可以得到一个关于地方政府 A 和地方政府 B 获取中央转移支付的收益矩阵（见表 5-2）。

表 5-2　地方政府 A 和地方政府 B 获取中央转移支付的收益矩阵

		地方政府 A			
		努力		不努力	
地方政府 B	努力	$(\frac{1}{3}T - C)$	$(\frac{1}{3}T - C)$	$(\frac{1}{3}T - C)$	$\frac{2}{3}T$
	不努力	$\frac{2}{3}T$	$(\frac{1}{3}T - C)$	$\frac{1}{2}T$	$\frac{1}{2}T$

在这个博弈矩阵中，对于 A、B 任一个地方政府来说，无论对手如何变化策略，对其本身来说都存在唯一的最优策略，即选择不努力。结果就是双方都选择了不努力征税，中央政府把所有的转移支付资金分配给地方政府，没有剩余。但从社会福利最大化的角度考虑，只有在两个地方政府都努力增加收入时，中央政府才会有 T/3 的剩余可以用于其他用途。显然，这种纳什均衡无法达到公共资源的帕累托最优，所造成的低效率表现为地方政府与中央"讨价还价"，不集中精力努力增加税收入，甚至为了争取更多的中央转移支付而故意造成更大的财政收支缺口。结果是完全抑制了地方政府的财政努力激情。

博弈分析虽然如此，但是具体对不同类别的转移支付而言，其对地方政府财政努力的影响则有所不同。无条件转移支付由于没有规定使用方向和配套资金，从理论上讲只产生收入效应，会降低地方财政的努力程度。但是"粘蝇纸效应"的存在使得这种形式的转移支付也存在替代效应，会加重地方政府对中央转移支付的依赖性。而有条件转移支付对地方财政努力的影响则具有不确定性：一方面，有条件转移支付产生的收入效应使地方政府倾向于保留更多社会财富于地方非公共部门（少征税），这会抑制地方财政努力；另一方面，有条件转移支付产生的替代效应使地方财政支出的成本降低，正向刺激了地方财政努力。所以，有条件转移支付对地方财政努力的影响取决于这两方面的综合作用。如果收入效应大于替代效应，则有条件转移支付会降低地方财政努力程度；如果收入效应小于替代效应，则有条件转移支付会正向刺激地方财政努力。在分税制的条件下，增加或者减少地方对共享税的分享部分对于地方财政努力的影响是不确定的，地方财政努力程度是否被提高取决于收入效应和替代效应的综合作用[①]。

总之，影响财政努力的因素是多方面的，转移支付就是其中之一。以不同区域为分析对象，中央转移支付对财政努力的影响具有以下几种可能性：会降低欠发达地区政府的财政努力；或者在总体上抑制所有地区的财政努力；等等。下文的目的就是检验中央转移支付对地方财政努力的影响，分析其对不同区域财政收入的激励效应。

二　对我国地方财政努力的检验

在测算地方财政努力的实践中，理论税收与实际税收的测度方法是常规手段。Bahl（1971）很巧妙地运用潜在（预期）财政收入这个概念来替代其他因素对财政收入的影响，以实际

---

① 乔宝云、范剑勇、彭骥鸣：《政府间转移支付与地方财政努力》，《管理世界》2006 年第 3 期。

财政收入与潜在财政收入的比例作为财政努力程度指标，通过这一指标来比较地方政府在筹集财政收入方面的能力差异。这种表示地方政府征税能力和积极性的方法被国内外的很多研究人员所采用，我国的乔宝云等（2006）、张伦伦（2006）和张恒龙等（2007）就曾用这个方法来测算地方财政努力程度。这种方法简单形象，回避了一些不可测算的因素的影响，因此本书也运用这个方法来构建我国的地方财政努力系数。

首先，地方财政努力被定义为实际财政收入与潜在财政收入的比值。具体见式（5-1）。

$$F = \frac{R}{R^e} \qquad (5-1)$$

其中，F 为地方财政努力，R 为地方实际财政收入，R^e 为潜在财政收入。地方实际财政收入可以从现实渠道得到，但潜在财政收入是一种人们对财政收入的期望，无法通过普通的方法获得，所以通过建立一个计量模型来估算各地区的潜在财政收入。见式（5-2）。

$$\mathrm{Ln}R = \alpha_0 + \alpha_1 \mathrm{Ln}GDP + \alpha_2 dum1995 + \cdots + \alpha_{15} dum2009 + \varepsilon$$

$$(5-2)$$

其中，R 仍为地方实际财政收入；GDP 为各地区国内生产总值；$dum1995 \sim dum2009$ 分别是 1995~2009 年的年度虚拟变量，设当年的各地区数值为 1，其他年份均为 0，以此类推；ε 是均值为 0、方差服从于正态分布的误差项。

估算过程是这样的，先将各省份实际财政收入、实际 GDP 和年度虚拟变量代入式（5-2），构成一个面板数据，通过一定的计量方法算出各个系数 α_i；然后将各省份的实际 GDP 值及年度虚拟变量再次代入式（5-2），此时计算出来的值即可视为预期财政收入的自然对数值 $\mathrm{Ln}R^e$；之后，取 $\mathrm{Ln}R^e$ 的反对数得出 R^e；最后，通过式（5-1）计算实际财政收入与预期财政收入的比值，估算出的值即财政努力 F。

　　计算每一个地区特定年份的潜在财政收入，虽然依据是该地区的实际 GDP，但是以全国平均的努力程度来作为假定条件，只考虑了时间变化的因素。所以，财政努力程度表示的是各地区在特定年度和 GDP 总量既定的条件下筹集财政收入的效率差异，这些差异可能来自以下因素的影响。

　　（1）地区的市场发育程度和整体经济效益。市场发育程度越高，整体经济效益越好，则各地区的经济货币化程度、产业结构和所有制结构优化程度越高，要素市场、产品市场和中介组织市场发育越健全，法律财务制度越完备，则在 GDP 一定的条件下，地方政府的财政收入的筹集效率越高，财政努力程度系数越大；反之，财政收入的筹集效率低，财政努力程度系数小。

　　（2）税收征管部门征税的积极性。税收征管部门的积极性受当地政府领导和短期政策性因素的影响较大。地方政府可能出于政治或经济方面的考虑，通过一定的方式左右税收征管部门，以达到增加或减少税收的目的。所以在 GDP 既定的条件下，税收征管部门的积极性必然影响财政收入的筹集和增长的速度，从而进一步影响地方财政努力程度的大小。

　　（3）税收征管效率。税收征管效率是指筹集税收的水平，它是由税收征管人员的素质、征管手段和课税对象的特征，以及纳税人的纳税意识等决定的。税收征管效率的提高会增加财政收入，提高地方财政努力程度；相反，税收征管效率低，会降低地方财政努力程度。税收征管效率不同于财政努力，财政努力包含的范畴更广，而且受到地方税收征管效率的影响。

在实际计量过程中，各地区财政收入用当地一般预算收入表示，GDP 即各地区实际 GDP 数值。数据均来自《中国统计年鉴》，使用的计量软件为 Stata 10.0。

由于采用的是各地区财政收入与 GDP 的面板数据，所以采用面板数据的通常处理方法，即固定效应模型来进行估计，实际计量方程如式（5 - 3）。为了比较，本书还列出了以 pooled 模型估计的结果，但在计算财政努力程度时使用的估计结果仍然是固定效应模型的估计结果。

$$\mathrm{Ln}R_{ij} = \alpha_0 + \alpha_1 \mathrm{Ln}GDP_{ij} + \alpha_2 dum1995 + \cdots + \alpha_{15} dum2009 + \varepsilon$$

$$(5 - 3)$$

其中，i 为地区，j 为年份。

（1）以全国 31 个省区市为样本，计量结果如表 5 - 3 所示。

表 5 - 3　地方财政收入与 GDP 的相关性估计结果（1）

Variables	（1）pooled 模型 lnreve	（2）fe 模型 lnreve
LnGDP	0. 999 *** （0. 0122）	1. 022 *** （0. 0532）
$dum1995$	- 0. 503 *** （0. 0723）	- 0. 461 *** （0. 101）
$dum1996$	- 0. 434 *** （0. 0718）	- 0. 396 *** （0. 0931）

续表

Variables	（1）pooled 模型 lnreve	（2）fe 模型 lnreve
dum1997	− 0. 444 ***	− 0. 407 ***
	（0. 0709）	（0. 0872）
dum1998	− 0. 360 ***	− 0. 326 ***
	（0. 0706）	（0. 0834）
dum1999	− 0. 318 ***	− 0. 285 ***
	（0. 0704）	（0. 0803）
dum2000	− 0. 300 ***	− 0. 269 ***
	（0. 0702）	（0. 0755）
dum2001	− 0. 226 ***	− 0. 197 ***
	（0. 0699）	（0. 0707）
dum2002	− 0. 236 ***	− 0. 209 ***
	（0. 0696）	（0. 0659）
dum2003	− 0. 233 ***	− 0. 210 ***
	（0. 0693）	（0. 0591）
dum2004	− 0. 232 ***	− 0. 213 ***
	（0. 0690）	（0. 0507）
dum2005	− 0. 206 ***	− 0. 191 ***
	（0. 0687）	（0. 0418）
dum2006	− 0. 148 **	− 0. 138 ***
	（0. 0685）	（0. 0355）
dum2007	− 0. 0813	− 0. 0748 **
	（0. 0683）	（0. 0294）
dum2008	− 0. 0515	− 0. 0494 *
	（0. 0682）	（0. 0259）
dum2009	0	0
	（0）	（0）
截距项	− 2. 414 ***	− 2. 838 ***
	（0. 227）	（0. 968）
观测值	463	463
R − 平方	0. 957	0. 983
地区数量		31

注：括号内为标准误差：*** 表示 99% 置信水平下显著，** 表示 95% 置信水平下显著，* 表示 90% 置信水平下显著。

因为使用固定效应模型进行回归，其中 2009 年的时间虚拟变量被自动视为基准年，即 2009 年的时间效应已经被包括在截距项中，所以在计算 2009 年时间效应对潜在财政收入的影响时，其系数为 0。其中 lnreve 为预期财政收入的自然对数。

（2）以 12 个欠发达地区为样本，计量结果如表 5 - 4 所示。

表 5 - 4　地方财政收入与 GDP 的相关性估计结果（2）

	_cons	lnGDP	dum 1995	dum 1996	dum 1997	dum 1998	dum 1999	dum 2000	dum 2001
Coef.	- 1.0215	0.9185	- 0.6262	0.5468	0.5212	- 0.4416	- 0.4030	- 0.3836	- 0.3279
t 值	- 1.09	16.96	- 6.08	- 5.72	- 5.78	- 5.14	- 4.87	- 4.87	- 4.43

	dum 2002	dum 2003	dum 2004	dum 2005	dum 2006	dum 2007	dum 2008	dum 2009	
Coef.	- 0.3381	- 0.3355	- 0.3106	- 0.2852	0.2352	- 0.1425	- 0.0837	dropped	
t 值	- 4.90	- 3.37	- 5.75	- 6.27	- 6.04	- 4.35	- 2.87		

注：样本容量 = 180，F（11，153）= 98.14，$R - sq$ = 0.9912。

将表 5 - 3 中的数据代入式（5 - 2），可计算出各省份的预期财政收入的自然对数值（$\ln R$），通过取反对数将其还原为预期财政收入。然后再根据我们定义的财政努力公式，计算出表示各省份财政努力程度的财政努力系数。见附录。

下面是以云南省为例计算出的财政努力系数[①]。见表5 - 5。

---

① 预期财政收入 1 和财政努力 1 为以全国 31 个省市自治区为样本进行的计量结果；预期财政收入 2 和财政努力 2 为以 12 个欠发达地区为样本进行的计量结果。

表 5 - 5　云南省预期财政收入与财政努力系数

年份	实际财政收入(万元)	预期财政收入1(万元)	财政努力1	预期财政收入2(万元)	财政努力2
1995	983491	638682.2935	1.539875	615301.5	1.598389
1996	1300129	846418.7886	1.536035	809395.5	1.606296
1997	1504181	924734.5555	1.626608	908094.4	1.656415
1998	1682347	1096662.1760	1.534061	1065238	1.579315
1999	1726690	1182917.7620	1.459687	1142201	1.511722
2000	1807450	1267279.5570	1.426244	1221767	1.479374
2001	1912799	1447543.8920	1.321410	1364113	1.402229
2002	2067594	1540873.1570	1.341833	1444160	1.431693
2003	2289992	1703983.7840	1.343905	1586162	1.443731
2004	2633618	2047231.6620	1.286429	1923248	1.369360
2005	3126490	2456353.7000	1.272818	2278367	1.372250
2006	3799702	2995004.5160	1.268680	2727637	1.393038
2007	4867146	3831375.1130	1.270339	3529080	1.379154
2008	6140518	4705356.1650	1.305006	4400397	1.395446
2009	6982525	5367912.0920	1.300790	5152245	1.355239

通过分析估算结果可以看出，我国各地区的财政努力系数还是比较高的，全国平均为1以上，如1995年为1.0033，2000年为1.0359，2009年为1.0342。全国平均财政努力系数比较高的原因可能是分税制改革提高了中央的"两个比重"，相应的地方财政收入占全国财政总收入的比例逐渐降低，地方政府的财政收支压力加剧，即分税制减弱了地方财政收入与地方财政支出之间的联系，导致地方政府的财政努力程度提高。

全国的财政努力系数最低的是中等发达地区，最高的是发达地区。见图5-2。

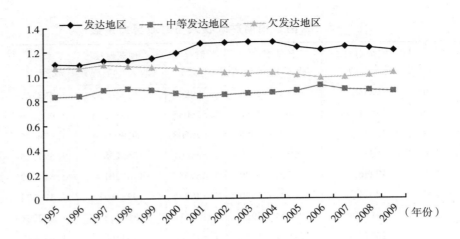

图 5 - 2　三大区域财政努力程度变化情况

资料来源：作者根据计算结果编制。

　　各区域的地方财政努力系数是指该区域所包含的所有省份的财政努力系数的算术平均数。从图 5 - 2 中可以看出，各区域的地方财政努力系数具有以下特征：一是所有区域的地方财政努力系数均在 1 左右，说明三大区域的地方政府都基本做到应收尽收，获取财政收入的积极性还是比较高的。二是各区域的财政努力程度有高有低，总体来说，发达地区的财政努力系数较大，大多数年份维持在 1.2 以上，这与发达地区想获得以及可以获得较多的税收返还有关；而欠发达地区的财政努力系数大多数年份也保持了大于 1 的状态，这可能与欠发达地区财政支出压力较大有关；而中等发达地区的平均财政努力系数是三个区域中最低的，只有 0.9 左右，这可能与中等发达地区既没有较好的基础条件可获得较多的税收返还，也没有较大的财政支出需求压力有关，使得中等发达地区没有动力去积极提高财政努力程度。

三　各类转移支付与地方财政努力的相关性分析

根据上面的分析，虽然影响地方财政努力的因素较多，但中央转移支付却是比较重要的一个。在中央转移支付体系中，各项转移支付设置的目的不一样，理论分析也将产生不一样的效果，即对地方财政努力的激励效应是不一样的。现在通过实证方法进行检验。

首先建立以下计量方程式（5-4）和方程式（5-5）

$$F = \alpha_0 + \alpha_1 tr1 + \alpha_2 tr2 + \alpha_3 tr3 + \varepsilon \qquad (5-4)$$
$$F = \alpha_0 + \alpha_1 tr1 + \alpha_2 tr2 + \alpha_3 tr3 + \alpha_4 dumregd +$$
$$\alpha_5 dummid + \alpha_6 dumregless + \varepsilon \qquad (5-5)$$

其中，$tr1$ 代表各地区人均税收返还与全国人均税收返还的比值，$tr2$ 代表各省份人均均衡性转移支付①与全国人均均衡性转移支付的比值，$tr3$ 代表各省份人均专项转移支付与全国人均专项转移支付的比值；$dumregd$、$dumregmid$ 和 $dumregless$ 分别代表发达地区、中等发达地区和欠发达地区的虚拟变量；ε 是均值为 0、方差服从于正态分布的误差项。

如果 α_1 为负值，则说明税收返还反向激励了地方政府的财政努力，地方政府获得的税收返还数额越大，其财政努力越低。如果 α_2 是负值，则说明均衡性转移支付对地方政府的财政努力产生了反向激励作用，地方政府获得的补助数额越大，其财政努力越低。如果 α_3 是负值，则说明专项转移支付对地方政府的财政努力产生了反向激励作用，地方政府获得的专项

---

① 此处的均衡性转移支付为现口径下一般性转移支付中的均衡性转移支付，即原口径下的财力性转移支付中的一般性转移支付。

补贴越多，则地方的财政努力越低。

方程式（5－5）设定了区域虚拟变量，因为按照本书的划分依据，发达地区、中等发达地区和欠发达地区之间的经济发展水平差异较大，税基和征税手段都存在较大差异。在现有转移支付构成中，税收返还和专项转移支付合计占较大比例；在税收返还项中发达地区又占了最大的份额；在专项转移支付中，中等发达地区和欠发达地区占了最大份额；在区域分配效应中，均衡性转移支付正逐步呈现向欠发达地区倾斜的趋势。上述因素改变了转移支付的区域结构，这可能是检验出现误差的原因之一。

如果 α_4 为正值，则说明现有发达地区的各项转移支付刺激了发达地区财政努力的增加；如果 α_5 为正值，则说明现有的各项转移支付刺激了中等发达地区财政努力的增加；如果 α_6 为正值，则说明现有的各项转移支付刺激了欠发达地区财政努力的增加。

本书选取的是 1995～2009 年各省的面板数据，各项转移支付数据来源于历年《全国地市县财政统计资料》中全国地市县财政一般预算收支平衡表中的平衡部分：返还性收入小计、财力性转移支付收入小计和专项转移支付栏目的相应数据。税收返还由"两税"返还和所得税返还数相加而得；均衡性转移支付是原口径下的财力性转移支付项中的一般性转移支付，即现口径下的一般性转移支付项中的均衡性转移支付指标，其中 2000 年的标注为"转移支付数额"，2001 年的标注为"过渡期转移支付数额"；专项转移支付即"专项补助"。

由于各项转移支付的数据收集困难，且缺失较多，所以平行数据只有 2000～2007 年共 8 年的数据。由于是面板数据，在进行 Hausman 检验时，得出其 $chi2 < 0$，为 -7.09，Hausman 检

验失效①。由于无法判定哪种模型比较适合，所以对方程（5 – 4）进行了固定效应和随机效应估计，两种结果都显示方程式拟合较好。除此之外，为了获得区域个体效应，又采用方程式（5 – 5）进行了 pooled 模型估计，结果显示选择的模型整体拟合效果很好，均在 1% 的水平上显著。估计结果如表 5 – 6 所示。

表 5 – 6　各类转移支付与地方财政努力的相关性估计结果

模型	(5 – 4):fe 模型	(5 – 4):re 模型	(5 – 5):pooled	(5 – 5):pooled
Variables	F:财政努力	F:财政努力	F:财政努力	F:财政努力
$tr1$	0.0877 *	0.168 ***	0.254 ***	0.254 ***
	(0.0524)	(0.0382)	(0.0490)	(0.0490)
$tr2$	0.0228 ***	0.0237 ***	0.0460 ***	0.0460 ***
	(0.00626)	(0.00621)	(0.0125)	(0.0125)
$tr3$	0.0657 ***	0.0641 ***	0.0186	0.0186
	(0.0191)	(0.0181)	(0.0227)	(0.0227)
$dumred$（发达地区虚拟变量）			0.618 ***	0
			(0.0895)	(0)
$dumregmid$（中等地区虚拟变量）			0.622 ***	0.00396
			(0.0447)	(0.0658)
$dumregless$（欠发达地区虚拟变量）			0.763 ***	0.145 **
			(0.0418)	(0.0730)
截距项	0.806 ***	0.750 ***		0.618 ***
	(0.0547)	(0.0636)		(0.0895)
观测值	232	232	232	232
R – 平方	0.129		0.950	0.358
地区数量	31	31		

　　注：括号内为标准误差：*** 表示 99% 置信水平下显著，** 表示 95% 置信水平下显著，* 表示 90% 置信水平下显著。

---

①　在实践中由于出现这种情况的较多，有观点认为虽然误差项相关，但其值仍然满足小于 10% 的假定，所以应拒绝原假设，选择固定效应模型。

数据显示，$tr1$ 的系数为正且显著，说明税收返还对地方政府财政努力的影响是正向的。地方政府的财政努力程度会随着其获得的税收返还数量增多而提高。我国的税收返还遵循的是多上缴、多返还的激励机制，并按公式计算。这与我国设立税收返还的初衷是一致的，这个估计结果很好地解释了中央政府在进行分税制改革时旨在保护地方既得利益的目标。

$tr2$ 的系数为正且高度显著，说明均衡性转移支付对地方政府财政努力的影响是正向的，如果地方政府获得的一般性转移支付较多，其财政努力程度就会较高。均衡性转移支付（现口径中一般性转移支付下的均衡性转移支付）是中央对地方用于基本公共服务支出的补助，它也说明地方如果用于基本公共服务的支出较大的话，可获得中央转移支付的数额也较大①，同时，它也促使地方政府更为积极地征税，增加财政努力程度。

$tr3$ 的系数在方程式（5－4）的两个估计模型中为正且显著，说明专项转移支付对地方政府财政努力的影响是正向的，如果地方政府获得的专项转移支付较多，则其财政努力程度较高。但在方程式（5－5）的两个估计模型中，这个变量虽为正但变得不显著，造成无法判断其对地方财政努力的影响。说明各地人均专项转移支付与全国平均专项转移支付的比值对于地方财政努力的影响不具稳健性。但从专项转移支付分为配套和非配套两种类别进行分析，如果地方政府获得的是配套的专项转移支付，这就有可能促使地方提高财政努力程度；但如果地方政府获得的是非配套的专项转移支付，则其对地方政府财

---

① 这也是第六章的结论。

政努力的影响就难以判断。综合来看，我国的专项转移支付种类较多且繁杂，又没有统一的标准，有可能是专项转移支付对地方财政努力影响不一致的真正原因。笔者认为专项转移支付对地方政府财政努力的影响不明确。

依照方程式（5-4）的估计结果，从三类转移支付的系数大小可以看出，税收返还对于地方财政努力的影响较大，其次为专项转移支付，最小的是均衡性转移支付的影响。税收返还对地方财政努力的影响程度大概相当于均衡性转移支付影响程度的4倍或8倍。我国税收返还比重较大，说明整体上中央转移支付对地方财政努力起到了正向的激励作用。

依照方程式（5-5），各区域的虚拟变量系数都为正，但在选择是否有共同截距项的回归中，发现如使用无共同截矩项进行估计，三个区域虚拟变量的系数显著为正，说明各区域对财政努力确实存在影响。从系数大小来看，欠发达地区的个体效应最大，为0.763，其次是中等发达地区，发达地区的个体效应最小。但在选择有共同截距项进行估计时，却发现发达地区和中等发达地区的虚拟变量虽然为正，但变得不显著。只有欠发达地区这个虚拟变量仍然在5%的水平上显著为正，说明欠发达地区对财政努力的区域效应具有稳健性，即欠发达地区的省份随着各项转移支付的增加有更高的积极性提高财政努力程度。

第三节 中央转移支付对欠发达地区财政（公共）支出的影响

中央转移支付是一种平衡地区间财力差距和解决地区间公

共品外溢问题的收入再分配制度，主要目的是通过转移支付的激励作用来引导地方政府实现中央政府的宏观调控目标。但由于转移支付制度本身的原因，不一定能保证对地方政府行为的激励效应总是好的，如果转移支付制度设计不科学，甚至会扭曲地方政府的财政收支行为。而且，转移支付的作用对象不具有一致性的特征，如地方政府具有不同的财政环境，即使一致的转移支付制度也会对不同地方财政收支行为产生不一致的影响。从第二节分析的结果就可以发现这个道理，各项转移支付对地方财政收入行为（财政努力程度）的激励不一样。可以断定的是，在总量上以税收返还和专项转移支付为主的中国转移支付制度，对地方财政支出的影响也不一致。

现有文献研究中央转移支付对地方财政支出行为影响的结论是，中央转移支付刺激了地方的不合理财政支出。如伏润民等（2008）认为，过多强调中央的多目标性和经济增长目标的压力，导致地方政府挪用和挤占一般性转移支付资金来实现自身偏好的目标，从而难以实现公共服务的均等化。转移支付规模的扩大可能助长了地方财政支出更偏向于行政性支出。因为在中国现行的地方官员委任制结构下，地方政府的短期政治利益追求会导致其只注重发展基础设施建设，而压缩社会性支出（李永友、沈玉平，2009）。

如果假设中央转移支付对地方政府在财政支出结构安排中有偏向于激励行政性支出的事实，那么据此应该得出一个判断，即地方财政用于教育、公共卫生等基本公共支出的比重会相对下降。尤其是欠发达地区，随着1995年我国一般性转移支付规模的不断扩大，欠发达地区的内生性财政支出结构选择会提高其行政性支出占比。

为了检验上述的理论分析和判断，本书选取一般公共服务（行政支出）和基本公共服务支出随转移支付的变动而变动的趋势来进行对比分析。具体做法为选取某几年的一般公共服务支出数据和基本公共服务支出数据，作一般公共服务支出占比与净补助率之间的散点图和基本公共支出占比与净补助率之间的散点图来进行分析。

"公共支出在理论上与财政支出和政府支出有相同内涵，都是指政府为履行其职能而支出的一切费用的总和，也是政府将集中起来的货币资金，有计划地分配使用到各种用途中去的过程。"[①] 在我国，使用较多的是财政支出这个概念，国家统计局和财政部公布的财政支出特指预算内部分，从这个角度来看，公共支出和政府支出的范围要比财政支出的范围大。财政支出的分类有很多种方法，如按政府职能分类，公共支出分为经济建设费、社会文教费、国防费、行政管理费、其他支出。2007年财政部制定的《2007年政府收支分类科目》中，将财政支出按支出功能分为15项，具体包括一般公共服务、外交、国防、公共安全、教育、科学技术、文化体育与传媒、社会保障和就业、医疗卫生、环境保护、城乡社区事务、农林水事务、交通运输、工业商业金融和其他支出。由于分类数据可以从中国统计年鉴中直接查到，所以我们选择用这种分类方法中的数据来做下面的分析。

本书选取1999年、2007年和2009年财政支出中的相关数据来衡量一般性公共服务支出和基本公共服务支出。

---

① 钟晓敏：《财政学》，高等教育出版社，2010，第113页。

在 1999 年的统计支出口径中，直接用行政管理费表示行政支出，用行政管理费与财政支出的比值表示一般公共服务支出占比，用教育事业费、卫生经费和社会保障补助支出三者之和作为基本公共服务支出的替代变量，用基本公共服务支出与财政支出的比值作为基本公共支出占比。

2007 年，国家统计局对财政支出项目进行了调整，统计口径已无法与之前的财政支出结构项目相对应，给比较带来了一定的困难。但是根据其对相关指标的解释，一般性公共服务支出是指政府提供基本公共管理与服务的支出，因此选取它作为地方政府的行政性支出替代变量，用公共管理与服务支出和财政支出之间的比值作为一般性公共支出占比；构建基本公共服务指标为教育支出、社会保障和就业支出、医疗卫生支出三者之和，将其与财政支出相比得到基本公共支出占比。2009 年的计算方法与 2007 年的一致。

其中净补助为财政支出与财政收入之差，因为统计年鉴中只公布一般预算支出与一般预算收入，所以净补助的数额实际是由一般预算支出减去一般预算收入得到的。净补助率为净补助额与财政支出（即一般预算支出）的比值①。

然后，分年度作一般公共支出占比与净补助率、基本公共支出占比与净补助率之间的散点图。分别如图 5 - 3、图5 - 4、图 5 - 5 所示。

这三者之间的相关关系见表 5 - 7。

---

① 原口径下的经常性支出指除了基本建设支出、企业挖潜改造资金和科技三项费用支出之外的财政支出，现口径下的一般公共支出和基本公共支出都属于经常性支出。

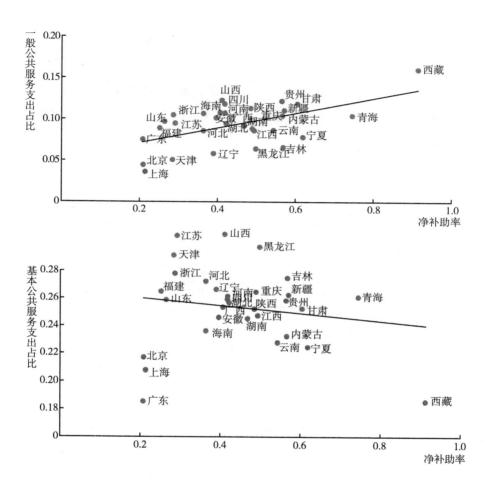

图 5 - 3 1999 年一般公共服务支出占比与净补助率、基本公共支出占比与净补助率之间的散点图

资料来源:《中国统计年鉴 2000》。

表 5 - 7 三个指标之间的相关关系 (1999 年)

项　　目	一般公共服务支出占比	基本公共支出占比	净补助率
一般公共服务支出占比	1.0000	—	—
基本公共支出占比	- 0.0195	1.0000	—
净补助率	0.5604	- 0.1522	1.0000

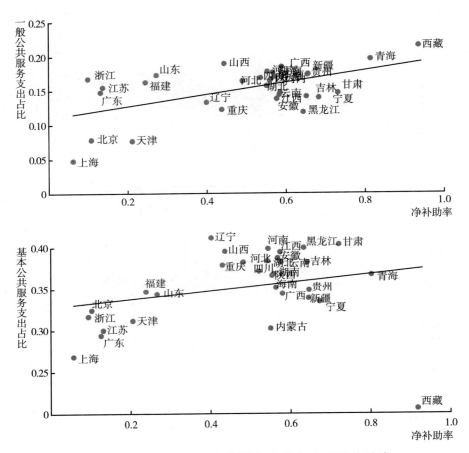

图 5 – 4　2007 年一般公共服务支出占比与净补助率、
基本公共支出占比与净补助率之间的散点图

资料来源：《中国统计年鉴 2008》。

这三者之间的关系见表 5 – 8。

表 5 – 8　三个指标之间的相关关系（2007 年）

项　目	一般公共服务支出占比	基本公共支出占比	净补助率
一般公共服务支出占比	1.0000	—	—
基本公共支出占比	0.0533	1.0000	—
净补助率	0.5478	0.2462	1.0000

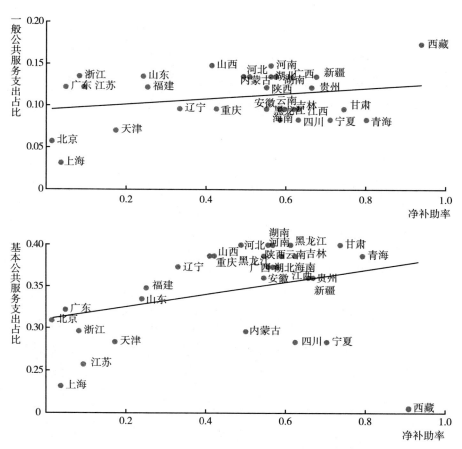

**图 5 - 5   2009 年一般公共服务支出占比与净补助率、
基本公共支出占比与净补助率之间的散点图**

资料来源:《中国统计年鉴 2010》。

这三者之间的关系见表 5 - 9。

表 5 - 9   三个指标之间的相关关系 (2009 年)

项 目	一般公共服务支出占比	基本公共支出占比	净补助率
一般公共服务支出占比	1.0000	—	—
基本公共支出占比	0.1305	1.0000	—
净补助率	0.2617	0.3300	1.0000

从 1999 年、2007 年和 2009 年的一般公共服务支出占比与净补助率之间的散点图来看，趋势线向右上方倾斜，说明一般公共服务支出占比与净补助率之间存在明确的正向关系，这三年的相关系数分别为 0.5604、0.5478、0.2617，总体上说明随着净补助率的增加，一般公共服务支出也随之增加。只是趋势线的倾斜程度逐渐趋缓，相关系数逐渐减小，说明一般性公共支出的增长率没有净补助率增长得快。从图中还可以发现，欠发达地区大多位于图中的右边区域，说明欠发达地区相对于发达地区和中等发达地区而言，获得的净补助较多，如西藏就总是位于散点图右上部的最高位。

从 1999 年、2007 年和 2009 年的基本公共服务支出占比与净补助率之间的散点图来看，趋势线的走向出现了变化，由向下倾斜变为向上倾斜。在 1999 年的基本公共服务支出占比与净补助率之间的散点图中，趋势线向下倾斜，其相关系数为 −0.1522，说明基本公共服务支出随着净补助率的增加而减少，这可能是因为对基本公共服务支出的构建范围过窄。在 2007 年的基本公共服务支出占比与净补助率之间的散点图中，趋势线变为向上倾向，表现为明确的正向关系，其相关系数为 0.2462，这说明在净转移支付增加的同时，地方财政向基本公共服务的投入也增加了。在 2009 年的基本公共服务支出占比与净补助率之间的散点图中，趋势线向上倾斜的幅度更大，相关系数增加为 0.3300，这说明中央转移支付在不断增加的过程中，起到了刺激地方财政向基本公共服务投入倾斜的作用。也就是说，地方对基本公共服务支出的增长率大于净补助的增长率，地方获得的中央转移支付被越来越多地用于基本公共开支，而非一般性公共服务支出。这说明中央转移支付的财政支出效应有逐渐改善的趋势。

同样的，欠发达地区的绝大多数省份在相关的几个散点图中都位于右边区域，也说明中央转移支付是符合财力均等化目标的。

总之，从全国范围来看，中央转移支付对地方财政支出的效应是，随着中央转移支付的增加，地方财政用于一般性公共服务的支出和用于基本公共服务的支出都在增加，但基本公共服务支出的增长率要高于一般性公共服务支出的增长率。这与之前大多数的研究结论为偏向于一般性公共支出不一样。

下面仅以欠发达地区为对象，检验上述结论对欠发达地区财政支出的适用性。主要采取的方法是分别建立净补助率与一般公共服务支出占比之间的线性方程、净补助率与基本公共服务支出占比之间的线性方程，来检验中央转移支付对欠发达地区财政支出行为中一般公共服务支出和基本公共服务支出的影响的强弱。

数据来源与上面相同，其中，一般公共服务支出占比是一般公共服务支出与一般预算支出的比值，基本公共服务支出占比是基本公共服务支出与一般预算支出的比值；净补助率则选用地方财政决算支出和地方财政决算收入计算，其值等于它们之间的差额再除以地方财政决算支出[①]。样本选取的时间从 1998 年至 2009 年，共 12 年。

设立的计量模型如下：

$$RGPS_{ij} = \alpha_0 + \alpha_1 RFE_{ij} + \varepsilon \qquad (5-6)$$

---

① 这与之前用地方一般预算收入和地方一般预算支出来计算净补助率有点不一样。但这个差距不是很大，特此说明。

$$RBPS_{ij} = \alpha_0 + \alpha_1 RFE_{ij} + \varepsilon \qquad (5-7)$$

其中，$RGPS_{ij}$ 为一般公共服务支出占比，$RBPS_{ij}$ 为基本公共服务支出占比，i 为时间，j 为 12 个欠发达地区，RFE_{ij} 为净补助率，ε 为误差项。

通过最小二乘简单回归，得出净补助率对一般公共服务支出占比的回归系数为 0.08515，两者之间呈正相关关系，说明一般公共支出占比每增加 1%，其中的 0.08515% 是由净补助率形成的，也就是说，中央转移支付的增加会增加欠发达地区的一般公共服务支出。

通过最小二乘简单回归，得出净补助率对基本公共服务支出占比的回归系数为 -0.05154，两者之间呈负相关关系，说明净补助率增加，基本公共服务支出占比反而减少，也就是说，中央转移支付的增加反而使欠发达地区财政用于基本公共服务支出的比例减少了。这可能验证了一般公共服务支出挤占基本公共服务支出的观点。

因此得出结论，均等化转移支付制度的核心目标应当是提高欠发达地区的基本公共服务能力，而现行的中央转移支付体系在一定程度上扭曲了地方政府的财政支出行为，使欠发达地区的财政不仅没有加大基本公共服务的投入，反而偏向于一般公共服务支出（行政性支出）。

第四节　中央转移支付对欠发达地区财政可持续发展的制约

对以上的分析进行总结，发现中央转移支付对欠发达地区会形成以下制约。

（1）通过上面的结论得知，就全国范围来看，中央转移支付具有比较显著的均等化效应，弥补了各地区财政收入的不足，缩小了各地区之间的财政支出差距。但就欠发达地区来看，中央转移支付扩大了欠发达地区之间的财政支出差距，并没有使欠发达地区的不平等状况得到改善。就欠发达地区财政来说，税收返还和专项转移支付的强非均等化效应，使得欠发达地区的财政收入相对更少，制约了欠发达地区财政的可持续发展。

（2）从中央转移支付对地方财政努力的影响分析中可以看出，税收返还和均衡性转移支付对地方政府的征税积极性有正向的激励作用，包括欠发达地区；而专项转移支付对欠发达地区的财政努力不具有稳健性。但因为我国税收返还是照顾分税制改革前各地方利益的一种权衡措施，其规模的确定是以基础法为基础的，而欠发达地区本身财政收入能力弱，所以在税收返还的补偿方面不占有优势。在这样一种制度背景下，欠发达地区财政收入能力表现得更差，影响了其财政的可持续发展。而均衡性转移支付虽根据公式法进行计算，但其占一般性转移支付的比例较小，所以对地方财政努力的影响程度有所减弱。

（3）中央转移支付对欠发达地区财政支出行为的影响为倾向于加大行政性财政支出，这必然更加剧了欠发达地区财政支出的不合理性。行政性支出过多，挤占了投向经济建设、社会文教等方面的支出，使财政投资可能获得的经济效益增速减缓或停滞，财政收入尤其是税收收入能力受影响，影响了欠发达地区财政的可持续发展。

但是，中央转移支付影响地方财政的支出结构，地方政府支出结构又影响经济增长。宋玉华、林治乾（2009）指出："经常性政府支出与短期经济增长之间有负相关关系，但与长期经济增长之间是正相关关系。"[①] 所以仅从中央转移支付对地方财政支出的影响效应来看，虽然欠发达地区接受的中央转移支付偏向于一般公共服务支出，但经常性财政支出[②]的总量大，长期也会促进经济增长，而欠发达地区的经济发展能避免财政困难。从这一点来说，中央转移支付的增加对欠发达地区财政的可持续发展又是有利的。

---

① 宋玉华、林治乾：《最优财政支出结构与中国经济增长——基于系统 GMM 的实证研究》，载于林双林主编《中国地方财政改革：新视野新思维》，中国财政经济出版社，2009，第123～135页。

② 经常性财政支出包括一般公共服务支出和基本公共服务支出。

第六章　中央转移支付的影响因素分析——一个实证

第五章分析了中央转移支付的均等化效应和对地方财政收支的影响，得出了中央转移支付对欠发达地区财力的均等化效应不强，但有利于提高欠发达地区的财政努力度，以及刺激了欠发达地区财政偏向行政性支出的结论。本章将转换角度，把中央转移支付视为一个因变量，考察影响地方财政可获得中央转移支付大小的各种因素。

本章结构安排为：第一节提出影响中央转移支付的理论假设，第二节对变量选取和数据来源进行说明，第三节建立计量模型并进行检验，第四节说明实证结果并进行简单分析，第五节给出结论。

第一节　理论假设

财政收入能力的不一样，会导致地方政府提供公共服务的差异。中央为了达到各地区的均等化目标，以转移支付为最基本和主要的手段。所以确定中央向地方实施转移支付大小的依据就显得很重要，尤其是那些可以量化的标准。也就是说，中央在进行转移支付时，除了考虑可用于转移支付的总量以外，更关键的是要找到可以客观反映地方财政财力不足的因素，这样才方便用来计算转移支付的数额。

从理论角度讲，好的财政转移支付制度应该是按照一个公式来分配资金，任意的转移支付和协商转移支付应该较少。所以转移支付公式中的重要因素是需求、能力和努力度[①]。而比较难的往往就是对地方财政能力和努力度的度量，因为以实际征税额（财政收入）与潜在财政收入之比定义的财政努力存在一定的问题。如果财政能力（税基）对税率有较高的弹性，那么税率提高会使税基减少，出现对低税率地区高估财政能力，而低估财政努力度的现象。欠发达地区要通过自己的努力来改变财政收入，比发达地区增加一定比例的努力程度更困难。如果在转移支付公式中赋予财政努力度过高的权重，则会对欠发达地区不利。这样的话，财政能力的完全平均化或者财力的均等化又难以达到。

另外，中央政府向地方政府的转移支付不仅是可变的，还会受到政治的影响。无论政治对转移支付影响的方式是自上而下还是自下而上[②]，它都希望转移支付是自主的而不是严格拘

---

① Michael Smart：《财政补助的激励效应》，《政府间财政转移支付：理论与实践》，中国财政经济出版社，2011。

② 自上而下的方法是指地方政府官员利用转移支付吸引选票（即所谓的"猪肉桶"政治拨款式的转移支付），转移支付更多地流向摇摆不定的选民；自下而上的方式是指转移支付被视为政治家及其政党对地方政府及其利益集团的游说后所做出的反应，在这种情况下，转移支付的分配与代表地方利益集团的说客的能力有关。

泥于准则，而"事实上，政治经济学原因可能导致转移支付的随意性"。如果利益集团对地方政府决策存在较大影响，这种利益集团的政治势力会影响地方政府对转移支付做出的反应。Sorensen（2003）也强调了政治家偏好在转移支付对地方政府支出决策影响中的重要性。

总之，影响中央转移支付制度的因素繁多，从现在转移支付的确定方式上看，这些因素包括地方自然条件和资源禀赋的优劣、地方基础设施水平、地方经济发展基础与水平、区域产业结构、地方财政管理能力等非体制性因素，还包括造成地区差异的国家政策调整、选择的财政模式和转移支付制度等体制性因素。

中国地域辽阔，地区之间的自然条件和自然禀赋相差甚远，进而直接决定了各个地区经济发展的基础和潜力不一样。资源丰富、区位优势较强的地区经济发展水平较高，经济结构合理，财政收入的总量较大。而欠发达地区位于中国中西部，地域优势差，受自然条件如地形地貌、气温海拔、气象水文和植被等限制，经济基础以自然资源开发为主要取向，经济结构以传统的农业耕种为主，经济发展水平较低，财政收入总量小，不具备增长的潜力。这种先天的优劣势对比首先造成了欠发达地区与其他地区之间财政收入的较大差距。

体制性因素在大多数情况下是自上而下的，地方政府的博弈优势较弱。非体制性因素是自下而上影响中央转移支付总量的，从动态的角度考察，地方政府所具有的一部分非体制性因素，应该是地方政府获取中央转移支付过程中的可控因素，如从我国现行的中央转移支付理论分析，"两税"和所得税收入高，则可获得的中央转移支付多；地方政府按标准财政收入与标准财政支出计算的差额大，则可获得的中央转移支付多；等等。但实际上，相比较而言，我国实施"两税返还"、所得税返还和成品油税费改革虽然是基于地方财政能力的一种政策性考虑，但这种做法却有利于发达地区，而对贫困地区不利。当然这也可以从另一个角度解释我国以精确的财政能力度量的均衡性转移支付的占比只有10%左右。

所以，从理论上分析，本书把影响中央转移支付大小的因素归为两方面：一方面是来自地方的非制度因素，如自然条件和资源禀赋、经济发展水平、财政管理能力、社会基础、区域安全等；另一方面则是中央与地方之间关系的制度因素，如财政分权、政策变动等。这些因素的存在对获得中央转移支付数额的大小起着主要的和重要的作用。

一　非制度因素对中央转移支付的影响

1. 地方的自然条件

假设 H1：农业人口比重比较高的地区获得的中央转移支付更多。

20世纪90年代以来，农民收入增长缓慢。同时，分税制改革导致基层政府财源锐减。农村地区公共服务体系不健全，使得广大农村成为财政不均等的最大受害地区。随着近年来和谐社会建设被提上议事日程，中央对关系到社会稳定的"三农"问题日益重视。从2000年起开始推行税费改革，从2001年起对地方财政减收部分给予补助，并从2004年开始逐步试点取消农业税，直到2006年在全国全部取消农业税及农业特产税①。为此我们假定农业人口比重比较高的地区将获得较多的中央转移支付。

假设 H2：少数民族人口比重高的地区获得的中央转移支付多。

我国是一个多民族国家，少数民族种类多是我国的基本社会特征。少数民族风俗文化、传统观点、接受科学与文明的程度不同，使得少族民族聚集区的经济社会发展程度极不一致，表现出与其他地区极大的差距。出于缩小地区间差距的目的而给予少数民族地区较多的转移支付就成为中央实施转移支付制度时必须首先考虑的一个方面。而且，如果少数民族地区长期无法得到中央政府更强有力的财政援助，其经济与公共服务水平就会长期处于抑制状态，容易滋生离心倾向，影响国家的整体稳定和安全，所以缓解民族矛盾、平衡民族问题也成为中央转移支付制度实施时必须要考虑的另一个方面。因此我们假定少数民族人口比重高的地区可以获得较多的中央转移支付。

2. 地方的经济条件

假设 H3：经济发展水平低的地区获得的中央转移支付多。

中央转移支付的主要目标是实现地区财力的均等化，弥补各地区经济发展水平差异而导致的财政收入差距。所以经济发展水平低，中央将会给予更多的补助。

假设 H4：财政收入（管理）能力差的地区获得的中央转移支付多。

财政收入的高低取决于地区的经济发展水平，但也与收入

---

① 取消农业特产税，增设烟草税。

管理能力有关。如果财政收入管理能力差，地方财力显然较弱。出于均等化的目的，中央在实施转移支付时会被动地考虑地方财政收入的能力问题。所以假设财政收入能力弱将得到较多的中央转移支付。

假设 H5：产业结构不合理的地区获得的中央转移支付多。它是一个逆向指标。

产业结构与地区的经济发展有密切的相关度，这就决定了产业结构对地区财政的可持续发展有较大的影响。通常来说，地区内的第二、第三产业越发达，其财政收入总量越大，越能刺激经济的快速稳定增长；而以传统农业为主的地区，因第二、第三产业不发达，财政收入总量小，对经济的刺激作用小，经济增长缓慢，财政就更脆弱，需要得到较多的财政补助。所以我们假定产业结构不合理的地区，也就是第一产业占比高的地区可获得的中央转移支付多。

从对欠发达地区特征的分析中我们已经得知，具有较不合理产业结构特征的地区恰恰是欠发达地区。

3. 地方的公共服务需求

假设 H6：人均公共教育支出少的地区获得的中央转移支付多。

假设 H7：人均公共医疗卫生支出少的地区获得的中央转移支付多。

假设 H8：人均社会保障与就业支出少的地区获得的中央转移支付多。

实现各地区基本公共服务的均等化是中央转移支付的目标，所以基本公共服务水平低的地区将获得更多的中央转移支付。为了与上文协调，选取教育支出、公共医疗支出和社会保障与就业支出作为基本公共服务支出的项目。

假设 H9：基础设施条件差的地区获得的中央转移支付多。

假设 H10：财政供养人员多的地区获得的中央转移支付多。

财政支出需要是中央转移支付的重要影响因素之一，基础设施建设投资和财政供养人员的支出是财政支出的重要方面。通常来讲，基础设施条件差、财政供养人员多的地区财政支出需求大，中央转移支付多。

4. 地方的区域位置

假设 H12：其区域位置对国家区域安全与稳定起重要作用的地区获得的中央转移支付多。

中央转移支付是实现中央政府宏观调控政策意图的主要工具，中央政府除了极力平衡地区财力差异之外，为了保证国家区域安全和统一稳定，还会对重要区域位置的地区实行较多的补助，比如边疆地区由于具有较重要的国防战略意义，因此会在中央实行转移支付时受到青睐。假设与别国接壤的地区可获得较多的中央转移支付。

二　制度因素对中央转移支付的影响

假设 H11：财政分权合理性差的地区获得的中央转移支付多。

分税制划分了中央与地方所承担的事权，与中央事务相对应设置了中央税作为财力来源，与地方事务相对应设置了地方税作为财力来源，除此之外，还设置了共享税对一些财力进行调整。从理论上讲，向地方财政事权分配多，财力分配少，那么就意味着中央转移支付大。反之，向地方财政事权分配少，财力分配多，则中央转移支付小。所以我们假定财政分权合理性差将得到更多的中央转移支付。

各因素影响中央转移支付的作用方向如图 6 - 1 所示。

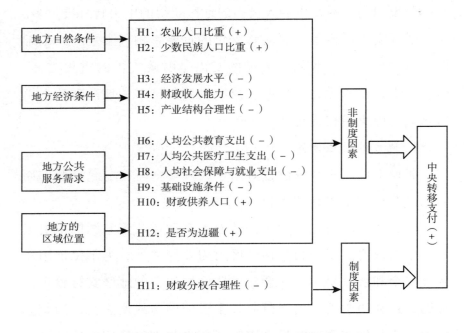

图 6 - 1　各因素影响中央转移支付的作用方向

第二节　变量选取和数据来源

1. 因变量：各地方可获得的中央转移支付数量的替代变量说明

由于对分地区的中央转移支付数据的获得存在难度，所以书中选取各地区的财政支出总量与财政收入总量的差额①

---

①　财政收入和财政支出指一般预算收入和一般预算支出。

作为各地区获得的中央转移支付的绝对量，这种方法在计算各省级行政区域的财政转移支付数额时被广泛使用。因为各地区获得的中央转移支付绝对量没有进行直接比较的意义，所以本书使用人均中央转移支付数额，其数据的计算方法为各地区的财政支出总量减去财政收入总量，再除以当地人口数。相关数据来自《中国统计年鉴》。

这表明这种转移支付额是净转移支付额，已经扣除了地方上解部分。

2. 自变量

（1）农业人口比重。选取农业人口比重作为地方自然条件的替代变量之一。农业人口占比大，表示地方自然条件差，反之则自然条件好。农业人口比重为各地区农业人口与总人口的比值。2005年以前该数据通过计算各地乡村人口与当地总人口的比例而得，数据分别来源于中经网统计数据库和《中国统计年鉴》；2005年之后的农业人口比重数据直接从《中国统计年鉴》中获得。

（2）少数民族人口比重。选取少数民族人口比重作为地方自然条件的另一替代变量。少数民族人口占比大表示自然条件差，反之则自然条件好。该指标以民族自治地方少数民族人口数占该地区总人口的比例表示。相关数据来自《中国统计年鉴》①。2004年数据缺失，由于2003年与2005年的相应数据变化不大，所以取两年的平均值作为2004年少数民族人口

---

① 对于不设有民族自治地方的北京、上海、江苏等11个省级行政区域，由于其少数民族人口极少，所以将上述区域的少数民族人口比重近似地以0计算。

比重。

（3）人均 GDP。选取人均 GDP 作为各地区经济发展水平的替代变量。人均 GDP 高表示经济发展水平高，反之则发展水平低。人均 GDP 可直接从《中国统计年鉴》中查到。

（4）人均财政收入。以人均财政收入（人均一般预算收入）作为财政收入能力的替代变量。人均财政收入高表示财政收入能力强，反之则表示不强。人均财政收入通过计算各地财政收入与各地总人口数之比而得到。财政收入（一般预算收入）来自《中国统计年鉴》，年底总人口数来自中经网统计数据库。

（5）第一产业占比。选取第一产业总产值占三次产业总产值的比例作为衡量产业结构合理程度的替代变量。第一产业占比高表示产业结构不合理，反之则表示合理。数据来源于《中国统计年鉴》。

（6）人均公共教育支出。选取人均公共教育支出作为地方公共需求的替代变量之一。人均公共教育支出高表示地方公共需求高，反之则表示需求低。人均公共教育支出为当地公共教育支出与当地人口的比例。数据来源于《中国统计年鉴》。

（7）人均公共医疗卫生支出。选取人均公共医疗卫生支出作为地方公共需求的替代变量之二。人均公共医疗卫生支出高表示地方公共需求高，反之则表示需求低。人均公共医疗支出为当地公共医疗卫生支出与当地人口的比例。数据来源于《中国统计年鉴》。

（8）人均社会保障支出。选取人均社会保障支出作为地方公共需求的替代变量之三。人均社会保障支出高表示地方公共需求高，反之则表示需求低。人均公共社会保障支出等于当地公共社会保障与就业支出占当地人口的比例。数据来源于《中国统计年鉴》①。

（9）人均公路里程。选取人均公路里程反映地方基础设施条件，作为地方公共需求的替代变量之四。人均公里数多表示地方基础设施条件好、公共需求不大，反之则表示不好、公共需求大。人均公里数用每千人拥有的公路里程表示。各地区公路里程来源于中经网统计数据库，人口数来源于《中国统计年鉴》。

（10）财政供养人口比例。选取财政供养人口比例作为地方公共需求的替代变量之五。财政供养人口比例高表示地方公共需求大，反之则表示公共需求不大。财政供养人员是指各级行政机关、政党机关和社会团体及财政拨款的事业单位工作人员②，现在其数量为4000多万人。财政供养人口比例以每10000人供养的事业单位和机关单位职工人数之和表示。财

①　对（6）（7）（8）的说明：由于从2007年起我国开始实施政府收支分类改革，对财政收支分类统计体系进行了重大调整，2008年出版的各类统计年鉴均按新的政府收支分类科目反映中央、地方财政相关功能支出数据。所以，本研究在计算各省级行政区域2007年前后的公共教育、公共医疗卫生及社会保障支出时采取了不同的方法。2007年之前，各省级行政区域的公共教育、公共医疗卫生支出采用教育经费与卫生经费的数据，各省级行政区域的社会保障支出则通过抚恤和社会福利救济费、行政事业单位离退休经费及社会保障补助支出三项费用相加而得；而2007年及以后各省级行政区域的公共教育、公共医疗卫生及社会保障支出则使用新的分类科目中教育、医疗卫生及社会保障与就业支出的数据。

②　在2003年以前，财政供养人员是指各省级行政区域的国家机关、政党机关和社会团体从业人员。

政供养人口以《中国劳动统计年鉴》中的分地区、分行业职工人数表示，包括事业单位和机关单位的职工人数。地区总人数为各地区年底总人口数，数据来源于中经网统计数据库。

（11）财政收入与财政支出的比值。选取财政收入与财政支出的比值作为财政分权合理性的替代变量。财政收入与财政支出的比值高表示财政分权的合理性强，反之则表示合理性差。财政收入与财政支出的比值用当地一般预算收入（即财政收入）与一般预算支出（即财政支出）的比值表示。数据来源于《中国统计年鉴》。

（12）是否为边疆。将是否为边疆作为地域安全与稳定性的替代变量。如果属于边疆则表示区域安全和稳定性重要，反之则表示不重要。该变量为虚拟变量，按照我国行政区划设置，如该地区与别国接壤则为1，否则为0。

因为获取的原始数据基本上都是名义值，为了剔除价格因素的影响，选择 CPI 价格指数进行处理。CPI 价格指数来源于中经网统计数据库，选择 1995 年作为基期，将环比 CPI 折算为定基指数。

第三节　计量模型及结果

本章选用面板数据模型来研究影响欠发达地区获取中央转移支付的因素。面板数据模型的优点是可以同时反映研究对象在时间和截面单元两个方向上的变化规律，从而便于挖掘数据在不同时间和不同个体上的特性。面板模型能充分利用样本信息的特征使得模型估计值的有效性显著提高，更有利于反映经济运行的真实情况。此外面板模型还可以控制不可观察的"整体效应"，并解决遗漏变量的偏差问题，模型估计效果可以显著提高。因此建立如下面板数据模型：

$$Y_{it} = \alpha_i + \beta X_{it} + \varepsilon_{it} \qquad\qquad (6-1)$$

其中，$i = 1$，2，$\cdots$，N，表示各类型省级行政地区的数量，在模型 1 中取全国省级行政地区为样本，$N = 30$；在模型 2 中取发达省级行政地区为样本，所以 $N = 9$；在模型 3 中取中等发达地区为样本，所以 $N = 10$；在模型 4 中取欠发达地区为样本，所以 $N = 12$；$t = 1$，2，$\cdots$，T，T 表示样本期间数，以年为单位，共观测了 1995～2008 年的样本，所以 $T = 14$；α_i 表示在时间上恒定的影响转移支付的非观测因素，代表了各欠发达省级行政地区的特殊性；β 表示系数向量；ε_{it} 为随机误差项；X_{it} 表示当期的解释变量向量，共 12 个变量。

选择面板数据模型时，应用最广泛的是 Hausman 检验，它可以通过判断随机误差项与解释变量是否具有相关性来决定选用固定效应模型还是随机效应模型。经过 Hausman 检验，在本书分别以全国省级行政地区、发达地区、中等发达地区、欠发达地区为样本时，其值均小于 10%，所以拒绝随机效应假设，都选择固定效应模型。

样本中剔除了西藏地区，使用的计量软件是 Stata 10.0。

估计结果如表 6－1 所示。

表 6-1　各因素影响转移支付的估计结果

模型 变量	(1)以全国 为样本 人均 转移支付	(2)以发达 地区为样本 人均 转移支付	(3)以中等 发达地区 为样本 人均 转移支付	(4)以欠发达 地区为样本 人均 转移支付	理论 假设
H1 农业人口比重	208.2 (160.6)	352.4 (230.8)	-214.7 (260.0)	321.4 * (162.5)	H(+)
H2 少数民族人口比重	13.95 ** (6.862)	14.52 (11.80)	5.977 (4.669)	15.57 (13.88)	H(+)
H3 经济发展水平	0.0242 *** (0.00773)	0.0427 *** (0.0104)	0.00455 (0.0130)	0.0135 (0.0166)	H(-)
H4 财政收入能力	-0.564 *** (0.0583)	-0.227 *** (0.0701)	-0.541 *** (0.113)	-0.418 * (0.236)	H(-)
H5 产业结构合理性	-21.56 *** (5.259)	22.34 (13.55)	-0.362 (5.920)	-2.355 *** (0.715)	H(-)
H6 人均公共教育支出	1.447 *** (0.276)	0.516 (0.385)	1.133 * (0.595)	1.598 *** (0.268)	H(-)
H7 人均公共医疗卫生支出	0.593 (0.623)	-0.767 (0.706)	3.759 ** (1.502)	3.205 *** (0.763)	H(-)
H8 人均社会保障与就业支出	0.740 *** (0.150)	0.168 (0.161)	1.861 *** (0.297)	1.626 *** (0.224)	H(-)
H9 基础设施条件	145.4 *** (14.67)	169.1 *** (44.68)	-3.163 (24.52)	19.60 (12.41)	H(-)
H10 财政供养人口	-2.050 *** (0.532)	-1.166 ** (0.530)	-0.412 (1.134)	-15.64 (247.8)	H(+)
H11 财政分权合理性	-748.4 *** (154.9)	-2208 *** (450.6)	-394.7 *** (110.0)	-11.67 * (6.274)	H(-)
截距项	977.5 *** (355.5)	1340 ** (511.9)	384.7 (559.6)	246.4 (654.7)	
F(总体)	0.4308			0.7504	
观测值	330	99	110	121	
R-平方	0.895	0.763	0.970	0.983	
地区数量	30	9	10	11	

注：括号内为标准误差：*** 表示99%置信水平下显著，** 表示95%置信水平下显著，* 表示90%置信水平下显著。

第四节　实证说明

从表 6-1 可以看出，选择的模型整体拟合效果很好，组内的 R^2 达到 0.895。而且计量结果为：组间的 R^2 为 0.2308，F 值为 224.64，而且在 1% 的水平上显著。

从省级行政区域本身所具有的自然和社会条件来看，理论假设这些条件差是造成财政差距的最基本原因，而中央转移支付的最基本目标是弥补地区间纵向财力差距，所以条件差的地方可以据此获得较多的转移支付。但从农业人口比重这个变量的计量结果来看，其系数为正但不显著，说明地区的农业人数多并不构成可获得较多中央转移支付的条件，反而是城市化比重高的地区可获得的中央转移支付较多。我国政府的财政管理长期以来是以城市为重心的，改革开放以来城乡二元的社会结构并没有发生根本的变化，农民及农村的广大地区享受到的中央转移支付远远比不上城市地区。虽然近年来中央连续出台惠农政策，农村地区的基础设施建设投入也大幅增加，"三农"的民生工程已经居于中央政策的首要位置，但程度还有待深化。2007 年，11.3% 的社会财富养活了占据总人口 55.1% 的农村常住人口，所以假设 H1 不成立。少数民族人口比重这个代表地方社会特征的变量系数为正，在 5% 的水平上高度显著，说明少数民族人口较多的地区确实可以获得较多的中央转移支付。这个结论与类似的相关研究结论是一致的，地方所具有的少数民族结构社会特征被作为影响民族团结、社会稳定和领土完整及国家统一等政治方面的重要因素，可获得中央的特别对待。事实也验证了这个结论，我国中央专门出台少数民族地区转移支付政策，来加大对相关区域的转移支付。所以假设 H2 成立。

从地方经济条件来看，理论上假设地方经济发展水平高，可获得的中央转移支付就相对少；而地方的经济发展基础条件差的话，可获得的中央转移支付相应要多。从计量结果来看，代表地方实际经济发展水平的人均 GDP 变量的回归系数为正，且在 1% 的水平上显著。这与假设完全相反，说明地方经济发展水平确实是获得中央转移支付多少的一个重要影响因素，只是因这种因素获得的中央转移支付完全违背财政转移支付的均等化原则和公平性原则，经济发展良好的发达地区可以获得相对较多的中央转移支付，而欠发达地区则不会因这个因素而得到中央转移支付的青睐，总之 H3 假设不成立。只是这个系数的绝对值很小，为它的非均等性和非公平性打了折扣。这也可能与我国中央转移支付中税收返还占比较高有关，而税收返还的高低是与地方税收水平高低正相关的。以人均一般预算收入为变量代表的财政收入能力的计量系数为负，且在 1% 的水平上高度显著，H4 的假设完全成立。说明地方一般预算收入能力是影响中央转移支付的关键因素，现行中央转移支付主要考虑的是各省级行政区域的预算内收入是否平衡，或者说中央转移支付的主要目标就是"熨平"地区的财政收入不平衡，这说明中央转移支付的制度设计还是基本遵循公平性原则的，只是这个系数的绝对值只有 0.564，由此可揭示出分税制下我国中央转移支付的制度设计在平衡各地区财力方面还存在一些缺陷。由变量第一产业占比所代表的产业结构合理性也是反映地方经济条件的一个指标，其系数为负，且在 1% 的水平上高度显著，说明地方产业结构中第一产业占比大，产业结构的合理性差，可获得中央转移支付多。因为地方税收收入的主要来源是第二产业和第三产业，如果第一产业在三次产业总值中占比较小，则表明该地区的产业结构比较合理，地方的税收较多，从而财政收入能力强，从公平的角度说，可获得的中央转移支付就要小。由此 H5 假设成立。

从地方提供基本公共服务需求的方面来看，人均公共教育支出和人均社会保障与就业支出这两个变量的待估系数为正，且在 1% 的统计水平上显著，表明更多的转移支付流向了教育支出和社会保障与就业支出较高的地区。发达地区基本实现了社会保障就业方面的全面覆盖，具体包括养老保险、医疗保险、最低生活保障等，而欠发达地区则并未实现应保尽保。这在一定程度上说明我国各地区对基本公共服务的财政投入表现出明显的非均等性。地方基本公共服务水平的支出需求差距拉大了地区之间的差距，欠发达地区获得的教育和社会保障就业的机会显著低于发达地区，从而导致各区域的竞争基础（竞争起点和获取转移支付的机会）不甚公平。这种以效率为导向而非均等性的转移支付资金分配方式使各地区差距不断拉大，结果导致社会阶层的不合理流动。不能否认的事实是，我国人口大量向发达地区、大城市转移，严重威胁我国构建和谐社会的进程。因此假设 H6 和假设 H8 不成立。人均公共医疗卫生支出的系数为正但不显著，说明这个因素不是地方可获得中央转移支付的影响因素。假设 H7 的影响在模型中没有得到明确答案。但实际情况却是，欠发达地区在提供医疗卫生这项基本公共服务项目时，并没有因为支出水平低而得到较多的中央转移支付，相反，比较发达的地区如北京、上海等，在这方面则获得了较多的中央转移支付。"比如 2005 年，北京以占1.2% 的人口占用了全国 6.46% 的卫生经费，上海以占全国1.39% 的人口占用了全国 5.13% 的卫生经费，两个城市共占了近 12% 的卫生费用。"① 这种状况的出现可能与我国的财政转移支付方式有关。在 2009 年以前，教育、医疗卫生和社会保障与就业这三项的转移支付是列入专项转移支付范畴计算的，而专项转移支付本身的透明性差，从而可能使得欠发达地区因为基本公共服务支出水平低反而得不到中央财政的补助。随着一部分教育、医疗卫生和社会保障与就业方面的转移支付纳入一般性转移支付中计算，这种状况得到改善。代表地区基础设施条件的人均公路里程的系数为正且在 1% 的水平上显著，说明地区的基础条件越好，可获得的中央转移支付越多，而那些基础设施条件较差的欠发达地区却不能从中央得到更多的补助。这一结论与理念假设相悖，所以假设 H9 不成立。这也从实证方面说明我国中央转移支付的设置过多地考虑了效率目标，而忽略了公平的价值。这与我国的中央转移支付总额中税收返还和专项转移支付的比例较高，而这两类转移支付都是效率导向型的有关。而且由于我国的中央转移支付资金有限，中央政府更愿意采取与地方合作的方式来进行基础设施的建设，所以地方财政可配套的能力强，可获得的中央转移支付就

---

① 高新才：《我国公共医疗卫生服务的区域非均等化分析》，见中国（海南）改革发展研究院编《中国公共服务体制：中央与地方》，中国经济出版社，2006，第 62~75 页。

越多。财政供养人口比例是地方财政支出需求中的一个重要方面，其系数为负且在 1% 的水平高度显著，这与本书的假设 H10 完全相反。地方财政供养的人员比例高并不是获取较多中央转移支付的原因，反而，如果地方财政供养的人员少，却可能获得较多的中央转移支付。这可能与中央"三奖一补"政策的实施效果有直接关系，我国的中央转移支付已经摆脱了"保工资"和"保运转"的优先目标，不断地向推动地方政府的机构精简和成本控制方向迈进。

从中央与地方的财政制度选择来说，财政分权的合理性指标系数为负，在 1% 的水平上高度显著，说明中央与地方在财力分配方面，地方财力小确实可以获得较多的中央转移支付资金。相反，如果地方财力相对于事权支出过多，则得不到中央的补助。而且财政分权的合理性变量系数比较大，为 748.4，表示如果地方财政收入相对于地方财政支出减小 1%，就可以获得 748.4 倍的中央转移支付支持。这充分说明我国的分税制改革赋予了中央政府过多的财权和过少的事权，中央政府集中了大量的财力之后再以转移支付的形式流向地方，也说明欠发达地区 60% 的地方财政支出都要靠中央转移支付资助的一个原因。当然，这样一方面可以增强中央财政的宏观调控能力，但另一方面却给地方财政带来压力，使之产生过度依赖性，尤其是欠发达地区。

第五节　结论

中央转移支付是伴随着分税制的改革而产生并不断发展完

善的，它会对地方的行为产生一定的影响，同时它本身也受一定的因素影响。本章通过分析各省级行政区域在 1995～2009 年间获取中央转移支付的影响因素，运用面板数据模型进行实证分析，得出了以下几点结论。

（1）地方的自然条件、经济水平、公共服务支出需求确实是影响中央转移支付大小的关键因素。但这些因素与中央转移支付的变化是同向的，所以基本不代表公平的性质。且目前中央转移支付的分配主要是效率导向型的，比如人均 GDP 高、基本公共服务支出大、经济基础条件好和财政供养人口少的地区，恰恰可获得较多的中央转移支付，而地区的一些自然特征却往往被忽视。而这些可据此获得较多中央转移支付的条件却偏偏是欠达地区所不具有的。这说明我国的转移支付种类繁多零乱，结构复杂，不具有科学性。这不仅不利于地方实现基本公共服务的均等化目标，而且在很大程度上拉大了地区公共服务供给水平之间的差距。

（2）中央与地方的财政制度选择也是影响中央转移支付的主要因素。虽然规范的分税制改革要求遵循财权与事权相匹配的总体原则，但 1994 年我国建立的新财政体制包含着改变中央财权弱化格局的导向和制度安排。所以在实际的执行过程中，由于财权过分集中于中央，事权过分向下级分散，地方财政收入越来越不能应付其财政支出需求。新建立的财政体制就本质来讲，就是要通过财权财力划分使中央政府具备利用财政资金再分配来实现中央宏观调控意图的能力。具体表现之一是在较规范的分税分级财政体制框架下更多地依赖转移支付来重塑中央与地方财政关系。这样的结果就是地方财政大量依赖中央的转移支付，尤其是欠发达地区，其财政支出的 60% 都必须依靠中央补助。

（3）除了以上分析的因素以外，地方的一些地域特征其实也是影响中央转移支付的重要因素，比如该区域是否为边疆省份、该地区的少数民族种类多寡、少数民族的习性与区域安全稳定的相关性等，基本可以得出一个定性的判断：这些都会正向地影响地方可获得的中央转移支付数额。只是由于本章所采用的计量模型中无法量化这些指标，所以没有进行实证检验。另外，中央与地方之间政治博弈的条件，如地方政府官员是否具有中央政治局席位，以及地方人口中拥有的全国人大代表数等，在我国中央转移支付名目繁多、以专项为主的现状下，确实可以将其作为与中央"讨价还价"的砝码。这与有些研究的实证结论应该是一致的，它可能反映了我国现实经济中政府间财力再分配的多重目标，而并非仅仅依据地区的财政收入能力来决定转移支付的水平。

第七章　欠发达地区财政的
可持续发展

本书在第三章对我国中央转移支付的现状进行了梳理，第四章总结了欠发达地区与中央转移支付之间的关系特点，第五章和第六章从理论上对中央转移支付与地方财政尤其是欠发达地区财政之间相互影响的机制进行了分析。分析表明，随着中央转移支付规模的扩大，欠发达地区财政表现出严重依赖中央转移支付的事实。但中央转移支付对欠发达地区的财力均等化效应不强，虽有利于提高欠发达地区的财政努力度，但也刺激了不合理的财政支出。同时，分析还表明，中央转移支付也并非一个外生变量，地方财政的制度因素和非制度因素均会影响其总量规模。而且最主要的是，欠发达地区往往不具备可获得较多中央转移支付的优势条件，这更增强了非均等化趋势。为此，本章将针对上述问题，提出欠发达地区财政可持续发展的政策建议。具体结构安排如下：第一节分析地方财政可持续发展的内涵，第二节构建欠发达地区财政可持续发展的分析框架，第三节提出我国欠发达地区财政可持续发展的政策建议。

第一节　地方财政可持续发展的内涵

可持续发展是一个规范概念。它既不是一种纯经济学理论，也不是其他任一单纯领域的纯理论，它是多学科的综合。它的理念最早产生于 20 世纪 70 年代的环境主义者要求中止工业革命所带来的经济增长，强调自然环境的完整性。显然这种观点显得有点矫枉过正。在与和它对立的乐观主义的争论中，"可持续发展"被赋予了新的理解和期望目标，即强调环境与发展，并最终于 20 世纪末达到综合。其相似的基本观点和一致性的政策主张不仅涉及发展与环境的协调，而且还包括社会公正与社会的稳定发展。社会学家提出的社会"可持续"问题与自然科学家提出的环境"可持续"问题都是重要的补充。

财政可持续发展属于可持续发展的衍生概念。它强调地方财政既要满足当前财力分配的现实需要，又不至于损害财力的未来需要甚至后代人的利益，在地方财政收支稳定、健康、平衡、协调的基础上，不断促进地方经济、政治和社会的可持续发展（郭代模、杨涛，1999）。

在社会主义市场经济中，健全的财政体系是财政可持续发展的要求，财政可持续发展首要保障的是各级财政收支平衡。但从各国财政的发展实践来看，财政收支的平衡不是简单的绝对平衡。更何况，实际中也很难存在简单的绝对平衡。财政运行的结果总是出现收大于支或支大于收的波动变化。若收大于支，意味着财政资源有结余，经济增长速度较快，此时财政运行良好。但长期存在大量财政结余，则说明财政集中的资源过多，且没有得到充分利用，这样会造成资源浪费，抑制社会经济的持续、稳定、快速发展。若收小于支，意味着财政出现赤字，虽然赤字对经济的不利影响不具备必然性，倘若运用得当，可以促进经济持续发展，但是长期持续大规模的赤字，则表明社会资源配置的低效率，经济运行情况不甚健康，长此以往，容易造成通货膨胀，最终可能引发债务危机。因此，为了保证国家经济持续平稳运行，有的国家通过立法规范国债的发行，并规定了赤字和公债的规模上限。

所以，财政收支平衡不仅仅是一种表面上的收支关系，在深层次上却反映着政府和企业、政府与居民之间的关系，综合反映着中央与地方、各地区以及政府各部门之间的利益关系，因而往往成为制定财政政策的轴心。

当然分析财政可持续发展的内涵还必须坚持动态的观点，余永定等人对财政可持续进行研究后提出：①政府可以保持长期财政收入和支出平衡，则财政是可持续的；②如果政府在长期不能实现财政收支平衡，但能够通过发行债券为财政赤字融资，则财政依然是可持续的；③当财政收支平衡被破坏之后，经济中存在的某种机制可以使经济变量之间产生相互作用，并促使财政恢复或趋于恢复平衡，则财政发展仍可定义为是可持续的。

第二节 欠发达地区财政可持续发展的
一个分析框架

国内外研究财政可持续性主要有两种方法。

一种是利用会计方法衡量政府的偿债能力，通过赤字率、债务率、赤字储存度、债务依存度等指标来测算财政赤字水平。这种方法要求设立指标临界值，国际上通常将《马斯特里赫特条约》中的财政赤字率不得超过3%、债务负担率不得超过60%作为财政可持续性的国际警戒线。中国许多学者和机构依此对中国的财政可持续性进行过判断，但由于采用的模型和方法不同，测算的结果不太一致。这种指标临界值的不确定性，自然制约了以采用这种偿债率的会计方法来研究中国财政可持续性的严谨性。

另一种是利用政府是否满足现值预算约束条件来检验偿债能力的新古典方法。在国外，检验跨期预算约束是否成立是评估财政可持续性的通行方法。而检验跨期预算约束是否成立，一是检验财政收入与财政支出之间的长期协整关系，如果这个协整满足阈值条件，则跨期预算约束条件成立，可以判定财政是可持续的，反之则认为是不可持续的（Trehan 和 Walsh，1988、1991；Hakkio 和 Rush，1991）。二是检验公债或赤字的平衡性。Hamilton 和 Flavin（1986）、Wilcox（1989）指出，如果代表政府跨时预算约束的财政赤字或未来债务是均衡的，则可以判定财政具有可持续性，否则，可以认为财政不具有可持续性。

按照第二种方法，本书构建财政可持续发展的分析框架如下。

财政的可持续发展内涵是指地方政府可以长期维持其财政政策并始终保持偿债能力，当地方政府维持其财政政策会导致未来无力偿债时，即财政的不可持续性。这种解释表明政府如果能够避免未来债务的违约，其现在的政府融资约束为：

$$B_t = (1 + R_t)B_{t-1} - X_t \qquad\qquad (7-1)$$

在式（7-1）中，B_t 是指该区域的公共债务，以 t 期末计算；R_t 表示的是在 t 时期的国内利率；B_{t-1} 为上一期债务余额；X_t 表示当期的财政收支差额（即财政盈余）。这个公式的意思是当期可发行的债务总额只能等于上一期债务还本付息额与当期财政盈余之和。

为了能看出影响财政可持续性的因素，我们对式（7-1）进行一下处理，让式（7-1）等号的两边同时除以（$P_t Y_t$），以求得债务的变动。

$$\frac{B_t}{P_t Y_t} = \frac{(1 + R_t)B_{t-1}}{P_t Y_t} - \frac{X_t}{P_t Y_t}$$

$$b_t = \frac{(1 + R_t)B_{t-1} \cdot P_{t-1} Y_{t-1}}{P_t Y_t \cdot P_{t-1} Y_{t-1}} - x_t \qquad\qquad (7-2)$$

其中，定义 $\dfrac{P_t Y_t}{P_{t-1} Y_{t-1}} = 1 + g_t$，$R_t = r_t(1 + \pi_t)$，所以可以得到最终债务变化的方程为

$$b_t = \frac{1 + r_t(1 + \pi_t)}{1 + g_t}b_{t-1} - x_t \qquad\qquad (7-3)$$

其中，b_t 表示 t 期债务率；b_{t-1} 表示（$t-1$）期债务率；r_t 表示实际利率水平；π_t 表示通货膨胀率；g_t 表示经济增长率；x_t 表示财政盈余率（财政赤字率）。

式（7-3）显示，要使政府的财政保持可持续性，当期可拥有的债务率依赖于通货膨胀率、实际利率、经济增长率和地方基础财政收支状况。即要使债务变得可持续，债务存量一定不能超过现在和未来所有的基础财政盈余和上期债务余额的现值总和。

这个道理也可从李嘉图等价原理（Ricardian Equivalence Theorem）中得到。

这个公式适用于国家和地方的债务动态分析，但地方政府的财政可持续发展有很多方面不同于国家层面的财政可持续性。这种区别首先表现为地方政府一般没有权力发行自己的货币，因此铸币税与地方政府融资没有关系。为此，地方财政和国家财政可持续性研究的不同之处在于外汇风险可能不会直接影响地方金融。如中国，地方政府在法律上不享有向外国借款的权力，所有的外国借款都需要国家政府批准并承诺承担外汇风险。不过货币危机却依然可能通过实际利率的冲击间接影响地方政府财政政策的可持续发展。而且，由于几乎在所有的国家货币政策都是由中央政府掌控，如果地方政府规模不大，可简单假设认为名义利率不会受其的影响。当地方政府不能决定借款利率时，该地区所支付的高于中央政府借款利率的利差与该地区的信用状况无关。单个地方政府机构的行为不会使利率有变化。

地方财政收入是基础财政收支差额（即财政盈余）X_t 的主要决定因素，但地方财政收入的增加能力受到一些税收体制的限制。比如在中国，分税制于1994年实施以来，在不断的建设完善过程中，中央财政与地方财政的自有收入能力都在不断地随时间变化，这可以从中央与地方分享的税种及比例不断调整中得到说明。

地方财政支出的另一个重要来源是中央的转移支付，但地方对中央转移支付的依赖程度在各国有着很大的不同。在中国，由于各地方财政的情况参差不齐，所获得的中央转移支付也存在较大的差异；另外中央转移支付的体系建设也是一个重要的方面。这个改进在中国的中央与地方之间的收入分配制度中就没有停过。

从理论上讲，将式（7－1）放入中国地方财政的运行中进行考察时，由于中国地方财政不存在债务问题，那么上述财政融资约束条件就变成了 $X_t = 0$。即对地方财政来说，财政收支平衡就是地方财政可持续发展的最核心内容。因为中国的预算都是平衡预算，一般不允许赤字预算。

但从现实考察，地方财政维持简单的财政平衡就是一个较大的问题，因为我国分税制后地方财政收支矛盾的问题很突出。这具体表现为：地方财政收入能力弱，财力偏小，财力分散；财政支出不合理，效率不高，上级政府对财政支出监管不到位；财政投资也产生对私人投资的"挤出效应"风险。

而在现行的中央转移支付体系中，总量转移支付的均等化效应不明显，尤其是以税收返还和专项转移支付总量为主的中央转移支付对各地区的均等化效应均打了折扣，这种非均衡的效应主要使得欠发达地区的公共服务能力远远赶不上其他地区。转移支付中的均衡性转移支付对地方财政努力的影响较小，而专项转移支付对欠发达地区财政努力的刺激作用尚需深入考察，即专项转移支付对欠发达地区的财政收入积极性没有明确的稳健性。更为严重的是，中央转移支付刺激了欠发达地区的财政支出倾向于行政性支出，使得欠发达地区的财政支出效率更低。

这些因素都导致欠发达地区财政收支矛盾更突出，这种财政收支矛盾就是财政可持续性差的最现实的表现。在中国这样一个中央政治集权、财政分权的国家里，欠发达地区财政收支的差额（此处忽略地方政府的隐性负债）完全被中央转移支付的补偿所掩盖。所以欠发达地区财政可持续发展的问题，或者说欠发达地区财政可持续性差的问题就是一个欠发达地区财政收支矛盾的问题。欠发达地区财政收支不均衡，就必然导致欠发达地区财政大量依赖中央转移支付。

第三节　欠发达地区财政可持续发展的政策建议

为了改变欠发达地区财政严重依赖中央转移支付的现状，根本解决地方财政收支矛盾，同时扭转欠发达地区各项财政要素中不具备获取合理中央转移支付（主要是均衡性转移支付）条件的局面，保证欠发达地区财政的可持续发展，主要应从加强欠发达地区财政的自身建设和调整中央与欠发达地区的利益分配关系两方面入手。

一　加强欠发达地区财政的自身建设

1. 转变经济增长方式，促进经济的持续健康发展

财政的可持续发展首先是财政收入的可持续增长。财政收入的可持续增长是保证财政收入质量的重要指标，高质量的财政收入必然是能够持续增长的财政收入。判断财政收入的质量不能仅仅满足于当年的财政收入增长，如果某年的财政收入增长不是源于经济的增长，而是源于政策的变动或体制的变革，那么这样的财政收入增长必然是短暂的，不可能持续。财政收入的可持续增长取决于经济的稳定增长和可持续发展。

在促进经济增长方式的转变和经济结构的调整过程中，财政可持续发展的实现是首要的选择，但是也不能不考虑中国经济发展的过渡期所可能产生的非均衡性问题。正如西方结构主义的现代增长理论认为，构成增长的要素是结构转移的推进过程为非均衡，当非均衡状态不断以新的形式出现时，它从某一瓶颈突破，引起需求结构、生产和贸易结构及城乡结构的变化，增长将持续下去。而事实也表明，非均衡性往往是增长的动力源泉，中国经济增长的主要特点就是非均衡性。当然，经济增长方式的转变，即经济体制改革大多数时候都已蕴含在复杂的制度变革过程中，它需要为其创造一系列条件才能持续循环地进行。从这个意义上说，有助于增加政府创造这类条件的能力正是来源于财政的可持续发展。但是，在经济增长方式的转变过程中，打破非均衡增长的制约才是最终的和必然的目的。熊彼特的创新理论就得出结论，创新是达到这一目的的根本动力。这也是中国建立可持续发展财政的逻辑起点。

2. 优化产业结构，培植优质财源

坚持科学发展观，运用财政资金引导产业结构调整，促进地方经济发展和财政收入稳定增长是缓解欠发达地区财政困难的根本出路。

产业结构是税源结构的基础。社会总产品的物质内容主要是由产业结构所决定的，即一个地区的税源结构和税收收入规模是由产业结构的范围决定的。要增加地方社会产品的物质内容，提高财政收入规模，就需要通过优化税源结构来给予保障。而产业结构的调整和升级又是优化税源结构的根本，如果

不具备科学的产业结构，则难以达到优化税源结构的目的，从而不可能提高税收规模。从区域的角度来看，产业结构在不同地区之间的布局直接决定了地区的税源结构，从而影响了税收规模。在我国，经济发达地区的第二、第三产业在产业结构中的比重明显高于欠发达地区，而从税源的贡献率来看，第二、第三产业，特别是第三产业更具有明显的优势。因此，中央政府应该努力引导产业政策调整，对欠发达地区增加产业优惠条件，扭转欠发达地区在产业链条上的不利地位，不断优化产业结构，提高欠发达地区自我创收的能力。在此过程中，欠发达地区的政府也应不断优化主体税种，开辟新兴财源，壮大支柱财源，稳定基础财源，夯实财政增收基础。

3. 优化财政支出结构，提高效率

我国经济体制改革的目标是建立社会主义市场经济体制。但是，市场经济体制改革需要地方财政的大力支持。所以，财政支出的结构优化问题尤为重要，财政支出结构调整可以促使我国经济在结构优化的基础上实现持续的增长。

在我国现阶段，有相当数量的少数民族居住于偏远落后的地区，信息的闭塞和知识的局限直接导致他们对公共需求偏好体验的经验不足，因此难以超越现有的生活目标和价值准则。所以，在少数民族欠发达地区，公共服务尚处于政府供给导向型阶段，即公共需求的增长在很大程度上是由政府服务供给引导和决定的[①]。所以更要进一步调整和优化财政支出结构，切

---

① 转引自赵楠、成艾华《财政转移支付在民族地区服务均等化中的效应及改进措施研究》，《西南民族大学学报》2010 年第 10 期，第 146 页。

实提高财政支出在公共教育、医疗卫生、社会保障、基础设施和环境保护等一般性公共需要方面的支出，保证欠发达地区的均衡发展。

4. 理顺分配关系，增强财政汲取能力

从我国地方财政努力程度的高低可以判断，我国各地的征税积极性总体比较高，但分区域考察时却存在较大差异，欠发达地区财政努力低于发达地区，却高于中等发达地区。说明欠发达地区的财政汲取能力相对于发达地区而言还存在较大的差距，且欠发达地区财政收支的矛盾相当突出，所以欠发达地区的财政汲取能力还存在可以调整的空间，可以适当提高财政努力度。当然也有观点认为我国地方财力紧张不是由地方征税努力不足引起的，而是地方税种的限制造成的（赵志耘、杨朝峰，2010）。由此，增强地方财政的汲取能力还应该包括对汲取能力的优化。

5. 加强债务管理，建立财政风险预警系统

在不能完全维持财政收支平衡的条件下，也就是地方财政必须以债券融资弥补财力缺口时，设立财政风险预警的指标临界值就显得很有必要。虽然《马斯特里赫特条约》规定的警戒指标是否具有科学性仍然值得思考，但希腊等政府的高赤字率和高债务率最终导致财政危机甚至政府危机却是不争的事实，中国在短短几年的时间里，债务余额实际就占到一年GDP 的 50%，这是值得注意的。欠发达地区虽不具备直接发行债务的权力，但事实上的负债已被人们公认，所以有必要建立财政风险预警系统，通过立法赋予地方发行债券的权力，规定发行债务的程序、数量、用途和偿还方式。

二　调整中央与欠发达地区的利益分配关系

中央与地方的利益关系由分税制通过初次分配决定，并通过中央转移支付的再分配功能调节。所以调整中央与欠发达地区的利益分配关系，就体现在完善分税制改革和完善中央转移支付两方面。

1. 完善分税制改革

能同时兼顾公平与效率的中央与地方财政体制才是良好的财政体制。从第五章关于分税制运行即中央转移支付对地方财政的影响分析来看，我国现行的分税制财政体制表现出激励有余、均衡不足的特点。因为分税制充分调动了中央与地方的积极性，促进了各级财政收入的较快增长，但各级政府的财权与事权的非对称性，造成基层财政困难的情况比较突出，不利于合理配置资源和公共财政的建设。所以，完善分税制改革应主要做好以下几方面的工作。

（1）合理界定财权与事权

在公平为主、效率为辅的原则下，明确中央政府与地方政府的职能范围，将各级政府的支出范围限制在职能划分和公共产品受益范围这两个层面，合理界定其相应的事权。对于全体国民受益的公共产品，由中央财政承担支出责任；对于跨地区"外部效应"的公共产品，由中央政府和受益地方政府共同承担支出责任；对于地方受益的公共产品，由地方政府承担支出责任。在此基础上，根据财权与事权相匹配的原则，确定各级政府的财权。Shleifer 和 Treisman（2000）在研究 20 世纪 90 年代俄罗斯联邦转移支付时发现，对地方政府最好的事权和财权划分就意味着较小的转移支付调节。

（2）适度集权

各地区自然条件、资源禀赋、经济发展水平不一样，按统一税种取得的收入在各地区必然是不一样的，这是地区之间产生差异的本质。而分税制改革的实质就是将税种在中央政府和地方政府之间进行分配，如果在划分税种时，将分布不均等的税种划归地方政府，则会造成地区之间的初次分配不公平。初次分配的公平程度将决定第二次分配的难度①，如果税种划分之后的地区差距较大，那么转移支付的难度将增加。而如果税种划分相对合理，第一次分配之后的一般预算收入分布较为公平，那么地区间的总财力差异也就不会过大。所以，在中央与地方政府划分税种时，应适度集权，合理划分中央税种、地方税种和共享税种。

（3）逐步建立地方公债制度

实行分税制的财政体制国家在经过长期的实践之后，几乎都得出了一致的结论：地方公债制度是国家公债制度的有机组成部分，所以各级政府都应享有举债权，这是规范的分税制体制下地方政府的合理财权。因为从原则上讲，一级地方政府就应该有一级财权和相应的财政收入来源，但地方没有税收制定权，地方财政只能实行平衡预算，也就是地方不具备发行公债的权力②，往往会导致中央与地方的收入来源结

---

① 李齐云、刘小勇：《分税制、转移支付与地区间财政差距研究》，《财贸经济》2009 第 12 期，第 69～76 页。

② 2011 年之前地方发行公债由中央政府代发，2011 年 11 月 20 日财政部发布通知，经国务院批准，2011 年上海市、浙江省、广东省和深圳市开展地方政府自行发债试点。

构差异问题。为此，在分税制的客观要求和市场经济体制的普遍规律下，中央政府应在建立严格的审批和监管制度的前提下，把地方公债制度逐步建立起来。这是不断改革和完善分税制的财政体制、建立规范的公共财政体系、严格划分中央与地方政府财权和事权的基础，也是地方政府对外举债发展的必然趋势。

世界上不少国家，如美国、日本、加拿大、德国等国的地方政府都有发行债券的权力。中国是一个大国，大多数的省级区域就相当于一个中等国家，各地经济发展水平不一样，公共基础设施建设的需求不同，财力也就不一样，所以允许地方发债显得很重要。地方政府发债可以使地方政府隐性债务公开化，会增加地方政府的责任心，提高债务资金的使用效率，也便于监管。

但是允许地方政府发行债券的同时要防止地方政府滥用权力，造成债务发行失控，以及浪费和贪污资金。因此要加强对地方政府的监督，改变过去那种依靠中央政府监督地方政府、依靠上级政府监督下级政府的传统做法，充分发挥地方民众在监督地方政府方面的作用。

（4）适当下放税收立法权

现行分税制虽然将部分税种划归地方，但未明确其为地方税，其收入使用权属于地方，税收立法权、政策管理权、征收管理权却仍属于中央。地方财权和税权不统一，即我国目前的分税制没有赋予地方政府税收自主权，大多数研究者都认为这是地方税收不稳定、基层财政实力弱的原因之一。而大多数国家实行分税制的做法是：在税权相对集中、统一的前提下，经中央授权和地方建议，通过中央政府审批方式给地方政府一定的税收自主权。这种方法要求地方税制设置符合地方财政支出需要的专有税、附加税和共享税，构建结构合理、收入稳定的地方税体系。

（5）继续推进精简政府层级的改革（深化省直管县）

分税制改革的主要对象是中央与省级财政的收入支出划分，而省级以下的收入划分则由省级政府决定，所以分税制造成的收入向上集中的效应会在各级政府间层层传递，造成所谓的财权"层层上收"的效应①。所以目前县乡财政困难与分税制有着直接的关系。为了减少这种收入层层上收的效应，减少政府层级当然是一个较好的方法，要继续深化省直管县和乡财县管。

2. 完善中央转移支付制度

中央转移支付制度是中央政府贯彻政策意图的主要方式，转移支付规模和结构的具体状况，体现了中央与地方的财权划分和事权划分关系，也是财政体制中承上启下的中间纽带。1994年，我国在原财政体制基础上建立起来的过渡期转移支付，带有增强中央财力的制度设计和政策导向，其本质是通过对财权和财力的重新划分来实现中央财政对地方财政更强的宏观调控意图。这种意图的作用结果之一，就是地方财政尤其是欠发达地区财政越来越多地依赖中央转移支付。这样的中央与地方的财政关系不符合规范的分级分税管理的财政体制要求，因此，必须完善中央转移支付制度，具体如下。

---

① 阎坤、张立承：《中国县乡财政困境分析与对策研究》，《经济研究参考》2003年第90期。

（1）明确转移支付制度的目标

中央转移支付的功能是弥补纵向财力缺口、促进公共服务均等化、规范地方政府行为和实现国家的其他目标，其核心本质就是实现中央转移支付的均等化目标。我国目前的均等化转移支付，无论是中央对地方还是省级以下的转移支付，都着眼于解决"行政管理服务"的均等化问题，这是相当不科学的。

转移支付的均等化目标必须是消除地方政府在提供公共服务方面的差别。必须清楚这些差距不仅来自地方政府征税的能力，还来自提供公共服务的需求和成本。地方政府的支出主要是用于基本公共服务，如教育、卫生和社会服务，而基本公共服务的需求将取决于地区人口的年龄、技能、健康状况等人口统计学的组成部分。而且必须清楚有些地区提供公共服务的成本会高于其他地区，劳动力成本、地理因素和人口密度都是有差异的。欠发达地区面临资金的短缺和融资的限制，因而有必要为其提供基于现有需求的专项转移支付，所以明确转移支付制度的具体目标相当重要。

（2）优化中央转移支付类型

我国转移支付类型繁多，一般性转移支付具有较强的均等化效应，但规模偏小；专项转移支付的激励效应最强，所占比重较大。这不利于中央转移支付资金的规范化分配和管理。在"公平优先、兼顾效率"的原则下，应建立一种以一般性转移支付为重点、专项转移支付相配合、以特殊性转移支付为补充的转移支付类型体系。这是考虑到中国的历史背景和政策一贯性的必然选择。

扩大一般性转移支付资金规模。一般性转移支付是缓解财政纵向不均衡的中坚力量，对地方财政尤其是财力较弱的欠发达地区的财政支持力度显著，所以均等化效应较强，应当不断提高其在财政转移支付中所占的比重。一般性转移支付中的均衡性转移支付等多数项目已基本采用因素法和公式法计算，在2008年对计算公式进行重大调整之后，已基本符合转移支付设计中的科学、简单、易行原则。除此之外，我们通过实证已经检验出均衡性转移支付对地方财政起到了较好的激励作用，应该发挥其正向的效应，提高它的占比。但一般性转移支付的名目繁多，与专项转移支付的项目有交叉和重叠，所以应归并一些专项转移支付项目到一般性转移支付项目下，提高一般性转移支付中相应项目的比重。进一步完善"三奖一补"政策，消除地方的财政困难，强化基层政府能力。

清理整合专项转移支付项目。专项转移支付是贯彻国家政策意图、支持特定公共事业发展支出的补助，其政策目的性较强，是一般性转移支付的重要补充。但与一般性转移支付项目存在大量的交叉、重复现象，要加大对专项转移支付的清理整合力度，能归并到一般性转移支付当中的项目就归并到其中。严格控制新项目，如果是必须设定的项目，要同步实施资金和制度安排。

淡化税收返还。税收返还是保证分税制改革顺利进行的一种妥协做法，而地区间财力差距的拉大以及关于转移支付效果不佳的指责往往都是针对税收返还[1]，而不是转移支付整体。

---

[1] 李齐云、刘小勇：《分税制、转移支付与地区财政差距研究》，《财贸经济》2009年第12期，第72页。

从第五章的实证分析中可以看出，税收返还确实对地方财力的努力度有相当强的刺激效应，但是它不符合转移支付的原则，也不具有任何均等化效应，所以税收返还这种特殊的转移支付形式应该受到制约，并在恰当的时机退出历史舞台。

（3）规范中央转移支付的管理权

目前，我国的三类转移支付中，一般性转移支付和税收返还由中央财政部管理，但具体是由不同业务司局执行的；专项转移支付的管理除了中央财政部外，民政部、发改委及一些中央部委都有一定的分配权，管理上比较分散。多头管理的不足之处就是各部门财政管理水平相差较大，使得各项资金分配的科学性存在差异，造成各项转移支付资金使用的政出多门和低效。因此，有必要成立一个专门的决策和执行机构负责转移支付方案的设计和执行。

在我国，中央政府独立负责转移支付的设计及其分配，没有任何立法性制衡（Shah 和 Shen，2006）[①]，由中央政府独立设计并分配的潜在问题是会出现集权化的结果。为了避免这种结果，应设立专门的决策和执行机构。可以参考实践中其他国家的做法，如设立独立的拨款委员会、政府间论坛、政府和民间的论坛。但应该保证这个决策制定机构是公正、独立的，它可以由中央政府和地方政府的代表共同组成，可以是一个真正的决策制定机构，也可以是一个纯粹的咨询机构，其职责是协调上下级政府的转移支付决策。具体来说，它主要应由经济学

[①] 罗宾·鲍德威、沙安文：《政府间财政转移支付：理念与实践》，中国财政经济出版社，2011，第50页。

家、财政学家、社会学家和中央及地方财政系统的实际工作者组成，主要负责转移支付总体方案的设计、修订、解释和咨询，搜集处理各个地区的相关政策信息和数据资料，确定一般性转移支付的考察因素、计算标准、分配方式，测算各个地区的标准财政收支等相关指标，提出一般性转移支付分配的建议，确定专项转移支付项目，按科学的因素法和公式法计算分配方案，同时对转移支付资金的运行进行跟踪调查，建立中央转移支付资金使用的信息反馈机制。

（4）推进中央转移支付的法制化建设

我国现行的中央转移支付制度存在较多问题，其中之一就是随意性太大，缺乏透明性和规范性。而各国财政转移支付实践领域的重要经验就是，要使转移支付公开化、透明化和规范化，其法制化建设是必要的保障。所以，我国应进一步推进与财政转移支付相关的法制建设，以法律的形式将财政转移支付的目标、原则、形式、方法、职权和监督等内容确定下来，推进中央转移支付的科学化进程。

参考文献

1. 蔡红英：《中国地方政府间财政关系研究》，中国财政经济出版社，2007。

2. 曾军平：《政府间转移支付制度的财政平衡效应研究》，《经济研究》2000 年第 6 期。

3. 崔满红：《中国欠发达地区金融、企业、政府协调机制研究》，中国财政经济出版社，2005。

4. 范柏乃、张鸣：《基于面板分析的中国省级行政区域获取中央财政转移支付的实证研究》，《浙江大学学报》（人文社会科学版），2010 年 11 月。

5. 伏润民、常斌、缪小林：《我国省对县（市）一般性转移支付的绩效评价——基于 DEA 二次相对效益模型的研究》，《经济研究》2008 年第 11 期。

6. 付文林：《均等化转移支付与地方财政行为激励初探》，《财贸经济》2010 年第 11 期。

7. 傅勇、张晏：《中国式分权与财政支出结构偏向：为增长而竞争的代价》，《管理世界》2007年第3期。

8. 傅勇：《财政分权改革提高了地方财政激励强度吗?》，《财贸经济》2008年第7期。

9. 傅勇：《中国的分权为何不同：一个考虑政治激励与财政激励的分析框架》，《世界经济》2008年第11期。

10. 高培勇：《中国财税体制改革30年研究：奔向公共化的中国财税改革》，经济管理出版社，2008。

11. 葛乃旭：《重建我国政府间转移支付制度的构想》，《财贸经济》2005年第1期。

12. 谷成：《基于财政均等化的政府间转移支付制度设计》，《财贸经济》2010年第6期。

13. 谷成：《完善中国政府间转移支付的路径选择》，《经济学家》2009年第6期。

14. 郭代模、杨涛：《论可持续发展财政》，《财政研究》1999年第10期。

15. 郭庆旺、贾俊雪、高立：《中央财政转移支付、激励效应与地区间财政支出竞争》，《财贸经济》2010年第11期。

16. 郭庆旺、贾俊雪、高立：《中央财政转移支付与地区经济增长》，《世界经济》，2009年第12期。

17. 郭庆旺、贾俊雪：《地方政府间策略互动行为、财政支出竞争与地区经济增长》，《管理世界》2009年第10期。

18. 郭庆旺、贾俊雪：《中央财政转移支付与地方公共服务提供》，《世界经济》2008年第9期。

19. 侯景新：《落后地区开发通论》，中国轻工业出版社，1999。

20. 胡鞍钢主编《地区与发展：西部开始新战略》，中国计划出版社，2001。

21. 胡德仁、刘亮：《中国地区间财政能力差异及财政转移支付政策取向——以地区间公共支出成本差异为视角》，《审计与经济研究》2010 年第 2 期。

22. 黄伯平：《重构地方财政收入体系——对当前宏观调控的反思》，《中央财经大学学报》2007 年第 6 期。

23. 计毅彪、杜一敏、谭文：《分税制财政体制运行绩效分析——兼论分税制财政体制下云南财政改革与发展》，《财政研究》2008 年第 1 期。

24. 贾俊雪、郭庆旺、高立：《中央财政转移支付、激励效应与地区间财政支出竞争》，《财贸经济》2010 年第 11 期。

25. 贾康、白景明：《县乡财政解困与财政体制创新》，《经济研究》2002 年第 2 期。

26. 贾康、梁季：《中央地方财力分配关系的体制逻辑与表象辨析》，研究报告（财政部财政科学研究所），2010 年 10 月 9 日。

27. 贾康：《中国财税体制改革 30 年回顾与展望》，人民出版社，2008。

28. 贾晓俊、岳希明：《我国均衡性转移支付资金分配机制研究》，《经济研究》2012 年第 1 期。

29. 贾晓俊：《政府间转移支付制度横向均衡效应研究》，《经济学动态》2009 年第 3 期。

30. 江孝感、魏峰、蒋尚华：《我国财政转移支付的适度规模控制》，《管理世界》1999 年第 3 期。

31. 江新昶：《转移支付、地区发展差距与经济增长——基于面板数据的实证检验》，《财贸经济》2007 年第 6 期。

32. 雷振扬：《民族地区财政转移支付的绩效评价与制度创新》，中国财政经济出版社，2010。

33. 李达：《中国政府间转移支付的新政治经济学分析》，复旦大学博士论文，2006。

34. 李继云、孙良涛：《云南产业结构与经济增长关系的实证分析》，《工业技术经济》2005 年第 8 期。

35. 李萍：《财政体制简明图解》，中国财政经济出版社，2010。

36. 李萍：《地方政府债务管理：国际比较与借鉴》，中国财政经济出版社，2009。

37. 李萍：《中国政府间财政关系图解》，中国财政经济出版社，2006。

38. 李清均：《后发优势：中国欠发达地区发展转型研究》，经济管理出版社，2000。

39. 李永友、沈玉平：《转移支付与地方财政收支决策——基于省级面板数据的实证研究》，《管理世界》2009 年第 11 期。

40. 梁尚敏、郭代模：《发展财政学》，中国财政经济出版社，2001。

41. 林双林、刘怡主编《中国公共财政改革：挑战与对策》，中国财政经济出版社，2007。

42. 刘鹤、杨伟民：《中国的产业政策——理念与实践》，中国经济出版社，1999。

43. 刘黎明：《财政转移支付的博弈分析》，中国财政经济出版社，2000。

44. 刘溶沧、姜国华：《地区间财政能力差异与转移支付制度创新》，《财贸经济》2002 年第 6 期。

45. 刘勇政、赵建梅：《论分税制下财政转移支付与地方财政努力差异——基于功能与地区多重分类考察的另类荷兰病分析》，《财经研究》2009 年第 12 期。

46. 卢中原：《财政转移支付和政府间事权财权关系研究》，中国财政经济出版社，2007。

47. 罗宾·鲍德威、沙安文：《政府间财政转移支付：理念与实践》，中国财政经济出版社，2011。

48. 马海涛、姜爱华：《政府间财政转移支付制度》，经济科学出版社，2010。

49. 马奎：《中国欠发达地区经济市场化研究》，武汉大学，2002。

50. 马拴友、于红霞：《转移支付与地区经济收敛》，《经济研究》2003 年第 3 期。

51. 马兹晖：《中国地方财政收入与支出——面板数据因果性与协整研究》，《管理世界》2008 年第 3 期。

52. 乔宝云、范剑勇、彭骥鸣：《政府间转移支付与地方财政努力》，《管理世界》2006 年第 3 期。

53. 乔宝云、张晓云、彭骥鸣：《财政支出分权、收入自治与转移支付的优化组合》，《财政研究》2007 年第 10 期。

54. 任晓珍：《透过数据看云南——2000～2004 年全国财政经济数据解读》，中国财政经济出版社，2007。

55. 任晓珍、苏建宏、谭文：《云南财政收支增长的政策建议》，《财政研究》2007 年第 5 期。

56. 任晓珍、苏建宏、谭文：《云南财政支出问题研究——对分税制改革以来云南财政支出的回顾与分析》，《经济问题探索》2008 年第 1 期。

57. 任晓珍、苏建宏、谭文：《云南财政支出效益问题研究》，《财政研究》2009 年第 6 期。

58. 沙安文、乔宝云：《政府间财政关系》，人民出版社，2006。

59. 上海财经大学公共政策研究中心：《2009 中国财政发展报告——全球金融危机下扩大内需的财政政策研究》，上海财经大学出版社，2009。

60. 尚元君、殷瑞锋：《对地方政府财政收入能力影响因素的实证分析》，《中央财经大学学报》2009 年第 5 期。

61. 沈坤荣、付文林：《税收竞争、地区博弈及其增长绩效》，《经济研究》2006 年第 6 期。

62. 宋小宁、苑德宇：《公共服务均等、政治平衡与转移支付——基于 1998～2005 年省际面板数据的经验分析》，《财经问题研究》2008 年第 4 期。

63. 苏明：《财政现实问题研究》，经济科学出版社，2008。

64. 唐·E. 沃德曼、伊丽莎白·J. 詹森：《产业组织理论与实践》，机械工业出版社，2009。

65. 田发：《财政转移支付的横向财力均等化效应分析》，《财贸研究》2010 年第 2 期。

66. 王绍光：《中国财政转移支付的政治逻辑》，《战略与管理》2002 年第 3 期。

67. 王守坤、任保平：《中国省级政府是财政竞争效应的识别与解析：1978～2006 年》，《管理世界》2008 年第 11 期。

68. 王振宇：《地方财政增长"困境"与可持续发展研究》，《财政研究简报》（内部研究报告）2010 年第 36 期。

69. 吴晓军：《产业集群与工业园区建设——欠发达地区加快工业化进程路径研究》，江西人民出版社，2005。

70. 武友德：《不发达地区经济增长论》，中国经济出版社，2000。

71. 徐涛、侯一麟：《转移支付对地方财政收入稳定效应的实证分析——基于中国省市县三级面板数据》，《公共管理学报》2010 年第 1 期。

72. 徐涛、杨荣：《转移支付对地方财政收入稳定效应的实证分析》，《中央财经大学学报》2009 年第 6 期。

73. 徐小平、张启春：《美国的政府间转移支付改革及启示》，《中南财经政法大学学报》2010 年第 2 期。

74. 杨永恒、胡鞍钢、张宁：《基于主成分分析法的人类发展指数替代技术》，《经济研究》2005 年第 7 期。

75. 杨宇、沈坤荣：《中国财政可持续性与政府最优融资策略》，《公共财政评论》，2010。

76. 尹恒、康琳琳、王丽娟：《政府间转移支付的财力均等化效应》，《管理世界》2007 年第 1 期。

77. 余永定：《财政稳定问题研究的一个理论框架》，《世界经济》2000 年第 6 期。

78. 云南省财政发展报告编写组，《2004 年云南省财政发展报告：财政收入质量与政府财力》，2004。

79. 云南省财政厅课题组：《云南财政收支结构研究》，《云南财经大学学报》2007 年第 4 期。

80. 云南省财政厅预算处、云南财经大学公共政策研究中心编《2008 年云南省财政发展报告——省对下一般性转移支付的理论与实践》，中国财政经济出版社。

81. 张光等：《转移支付对县乡财政支出的影响》，研究报告，2008。

82. 张恒龙、陈宪：《政府间转移支付对地方财政努力与财政均等的影响》，《经济科学》2007 年第 1 期。

83. 张伦伦：《我国地区间财政努力度差异研究》，《财经问题研究》2006 年第 5 期。

84. 张明喜：《地方财政支出结构与地方经济发展的实证研究——基于聚类分析的新视角》，《财经问题研究》2008 年第 1 期。

85. 张晏、龚六堂：《分税制改革、财政分权与中国经济增长》，《经济学》（季刊）2005 年 10 月。

86. 赵楠、成艾华：《财政转移支付在民族地区公共服务均等化中的效应及改进措施研究》，《西南民族大学学报》2010 年第 10 期。

87. 赵志耘、杨朝峰：《经济增长与税收负担、税制结构关系的脉冲响应分析》，《财经问题研究》2010 年第 1 期。

88. 钟晓敏：《政府间财政转移支付论》，立信会计出版社，1998。

89. 钟正生、宁旺：《我国总量转移支付的影响因素及其均等化效应》，《经济科学》2008 年第 4 期。

90. 周黎安：《中国地方官员的晋升锦标赛模式研究》，《经济研究》2007 年第 7 期。

91. 朱玲：《转移支付的效率与公平》，《管理世界》1997 年第 3 期。

92. 〔美〕托达罗：《经济发展与第三世界》，中国经济出版社，1992。

93. Ahmad, E., and J. Craig, "Intergovernmental Transfers", in *Fiscal Federalism in Theory and Practice*, ed. T. Ter-Minassian, 1997, Washington, DC: Internaitonal Monetary Fund.

94. Ahmad, E., Singh, R, and Fortuna, M., "Toward More Effective Redistribution: Reform Options for Intergovernmental Transfers in China", IMF Working Paper, 2004, WP/04/98.

95. Anderson, J. E., ed., "Fiscal Equalization for State and Local Government Finance", Westport, CT: Praeger, 1994.

96. Bahl R. W., "A regression Approach to Tax Effort and Tax Ratio Analysis", Staff Papers-International Monetary Fund, 1971 (18).

97. Bahl, R., and Linn, J., "Fiscal Decentralization and Intergovernmental Transfers in Less Developed Countries", *Publics*, 1994, Vol. 24 (1).

98. Bahl, R., and Martines-Vazquez, J., "Sequencing Fiscal Decentralization", Policy Research Working Paper, 2006, No. WPA3914, World Bank.

99. Bailey S., Connolly S., "The Flypaper Effect: Identifying Areas for Further Research", *Public Choice*, 1998, 95 (3 – 4).

100. Bailey, S. J. , and Connolly, S. , "The Flypaper Effect: Identifying Areas for Further Research", *Public Choice*, 1998, Vol. 95 (3 - 4).

101. Bergvall, D. , Charbit, C. , Kraan, D. , and Merk, O. , "Intergornmental Transfers and Decentralized Public Spending", *OECD Journal on Budgeting*, 2006, Vol. 5.

102. Bharat Trehan, Carl E. Walsh, "Testing Intertemporal Budget Constraints: Theory and Applications to U. S. Federal Budget and Current Account Deficits", *Journal of Money*, *Credit and Banking*, Vol. 23, No. 2 (May, 1991).

103. Bird R. M. , "A Comparative Perspective on Federal Finance", The Future of Fiscal Federalism, 1994.

104. Bird R. M. , "Transfers and Incentives in Intergovernmental Fiscal Relations", World Bank, 1999.

105. Bird, R. , and Smart, M. , "Federal Fiscal Arrangements in Canada: An Analysis of Incentives", National Tax Association, 1996, Vol. 10.

106. Bird, R. , and Smart, M. , "Intergovernmental Fiscal Transfers: Some Lessons from International Experience", *World Development*, 2002, Vol. 30 (6).

107. Bird, Richard M. , and Michael Smart, "Intergovernmental Fiscal Transfers: International Lessons for Developing Countries", *World Development*, 2002, 30 (6).

108. Boadway R. , "Tntergovernmental Fiscal Transfers: Principles and Practice", World Bank, 2007.

109. Boadway, R. W. , Flatters, F, R. , " Efficiency and Equalization Payments in a Federal System of Government: A Synthesis and Extension of Recent Results", *Candian Journal of Economics*, 1982, 15 (11).

110. Boadway, R. W. , "The Theory and Practice of Equalization", Working Papers 1016, Queen's University, Department of Economics, 2003.

111. Boadway, R. W. , and F. Flatters. " Efficiency and Equalization Payments in a Federal System of Government: A Synthesis and Extension of Recent Results", *Canadian Journal of Economics*, 1982, 15 (4).

112. Boadway, R. W. , and M. Keen, " Efficiency and the Optimal Direction of Federal-State Transfers", *International Tax and Public Finance* 1996, 3 (2).

113. Buchanan, J. M. "Federal Grants and Resource Allocation", *Journal of Political Economy*, 1952, (6).

114. Buchanan, J. M. "Federalism and Fiscal Equity", *American Economic Review*, 1950, 40 (9).

115. Bucovetsky S. , Marchand M. , Pestieau P. , "Tax Competition and Revelation of Preferences for Public Expenditure", *Journal of Urban Economics*, 1998 (44).

116. Bucovetsky S. , Smart M. , " The Efficiency Consequences of Local Revenue Equalization: Tax Competition and Distortions", *Journal of Public Economic Theory*, 2006 (8).

117. Burnside, C. , " Assessing New Approaches to Fiscal

Sustainability Analysis", mimeo, 2004.

118. Burnside, C., "Fiscal Sustainability in Theory and Practice", A Handbook, World Bank, 2005.

119. Celine Allard, Nada Choueiri, Susan Schadler and Rachel Van Elkan, "Macroeconomic Effects of EU Transfers in New Member States", IMF Working Paper, 2008.

120. Correa P., Steiner R., "Decentralization in Colombia: Recent Changes and Main Challenges", *Contemporary Studies in Economic*, 1999 (84).

121. Courant, P. N., Gramlich, E. M., and Rubinfeld, D. L., "The stimulative Effects of Intergovernmental Grants: Or Why Money Sticks Where It Hits", In Mieszkowski & Oakland, 1979 (2).

122. Egger P., Koethenbuerger M., Smart M., "Do Fiscal Transfers Alleviate Business Tax Competition? Evidence from Germany", *Journal of Public Economics*, 2010 (94).

123. Ehtisham Ahmad, Bob Searle, "On the implementation of transfers to sub-national governments", *Handbook of Fiscal Federalism*, 2006.

124. Fisher, R. C., *Intergovernmental Fiscal Relations*, Kluwer Academic Publishers, 1997.

125. Gamkhar S., Oates W., "Asymmetries in the Response to Increase and Decreases in Intergovernmental Grants: Some Empirical Findings", *National Tax Journal*, 1996, 49 (4).

126. Garzon F. H., "Colombia: Stricture of Municipal Finances,

Fiscal decentralization and Credit Policy Reform 1987 – 1995", Bogota, World Bank, 1997.

127. Gordon, R. "An Optimal Taxation Approach to Fiscal Federalism", *Quarterly Journal of Economics*, 1983 (11).

128. Gramlich E. M. , "Cooperation and Competition in Public Welfare Policies", *Journal of Policy Analysis and Management*, 1987 (6).

129. Gramlich E. M. , "Federalism and Federal Deficit Reduction", *National Tax Journal*, 1987, Vol. 40.

130. Gramlich, E. M. , "A Policy Maker's Guide to Fiscal Decentralization", *National Tax Journal*, 1993, Vol. 46.

131. Gramlich, Edward M. , "Intergovernmental Grants: a review of the empirical literature", *The Political Economy of Fiscal Federalism*, edited by Oates W. E, Lexington: D. C. Heath and Company, 1977.

132. Hakkio, Craig S. , and Mark Rush, "Is the Budget Deficit Too Large? ", Economic Inquiry, Forthcoming.

133. Hamilton and Flavin, "On the Limitations of Government Borrowing: A Framework for Empirical Testing", *American Economic Review*, 1986 (74).

134. Hines, J. R. , and Thaler R. H. , "Anomalies: The Flypaper Effect", *Journal of Economic Perspectives*, 1995, Vol. 9 (4).

135. Hyman David D. , *Public Finance: A Contemporary Application of Theory to Policy*, London: The Dryden Press, 1993.

136. Inman R. , "Federal Assistance and Local Services in the

United States: The Evolution of a New Federalist Order",
In *Fiscal Federalism*, ed. H. Rosen, 33 – 74. Chicago:
University of Chicago Press. 1988.

137. Jin, H., Qian, Y., and Weingast, B. R., "Regional
Decentralization and Fiscal Incentives: Federalism, Chinese
Style", *Journal of Public Economics*, 2005, Vol. 89.

138. John E. Wagner and Steven C. Deller, "Measuring the Effects
of Economic Diversity on Growth and Stability", *Land
Economics*, November 1998, 74 (4).

139. Jorge Martiez-Vazquea and Jameson Boex, "The design of
equalization grants: theory and applications", World Bank
Institute Georgia State University Andrew Young School of
Policy Studies, 2001.

140. Kothenburger M., "Tax Competition and Fiscal Equalization",
International Tax and Public Finance, 2002 (9).

141. Martiez-Vazquea, Jorge, and Jameson Boex. n. d., "A Review
of Latvia's Equalization Fund." in *The Design of Equalization
Grants: Theory and Applications*, ed. Jorge Martiez-Vazquea and
Jameson Boex. Country Case Study. Washington, DC: World
Bank Institute.

142. Martiez-Vazquez, Jorge, "An Introduction to Inernational
Practices and Best Principles in the Design of Capital Transfers",
Georgia State University, Andrew Young School of Policy
Studies, Department of Economics, Atlanta, GA, 2000.

143. Martinez-Vazquez J., Qiao B. Y. & Zhang L., "The Role

of Provincial Policies in Fiscal Equalization Outcomes in China", 2007 – 03 – 10, http：//aysps. gsu. edu/isp/files/ ispwpo705, pdf, 2010 – 02 – 10.

144. Moisio A. , "Essays of Finnish Municipal Finance and Inter-governmental Grants", Valtion taloudellinen tutkimuskeskus, Government Institute for Economic Research, Helsinki, Finland, 2002.

145. Oates, W. E. , "An Essay on Fiscal Federalism", *Journal of Economic Literature*, 1999, Vol. 37, Sep. .

146. Oates, W. E. , "Towards a Second-Generation Theory of Fiscal Federalism", *International Tax and Public Finance*, 2005, Vol. 12 （4）.

147. OECD, "Challenges for China' s Public Spending：Toward Greater Effectiveness and Equity", OECD, 2006.

148. Petersom, G. , "Decentralization in Latin America：Learning through Experience", World Bank, 1997.

149. Raiser M. , "Subsidizing Inequality：Ecomomic Reforms, Fiscal Transfers and Convergence across Chinese Provinces", *Journal of Development Studies*, Vol. 34, No. 3 （1998）.

150. Rizzo L. , "Local Government Responsiveness to Federal Transfers：Theory and Evidence", *International Tax and Public Finance*, 2008 （15）.

151. Robin Boadway, "Intergovernmental redistribution transfers： efficiency and equity", *Handbook of Fiscal Federalism*, 2006.

152. Rodden J. , "The Dilemma of Fiscal Federalism：Grants and

Fiscal Performance around the World", *American Journal of Political Science*, 2002, Vol. 46, No. 3.

153. Shah, A., "The Reform of Intergovernmental Fiscal Relations in Developing and Emerging Market Economies", World Bank, 1994.

154. Shal Anwar Chunli Shen., "Fine-Tuning the Intergovernmental Transfer System to Achieve a Harmonious Society and a Level Playing Field for Regional Development in China", Paper presented at the international Seminar in Public Finance, State Guest House, Beijing, 2006, June.

155. Shleifer A., and Treisman., *Without a Map: Political Tactics and Economic Reform*, Cambridge, MA: MIT Press. 2000.

156. Smart M., "Taxation and Deadweight Loss in a System of Intergovernmental Transfers", *The Canadian Journal of Economics*, 1998 (31).

157. Smart, M., "Federal Transfers: Principles, Practice, and Prospects", C. D. Howe Institute Working Paper, 2005.

158. Sorensen, R. J., "The Political Economy of Intergovernmental Grants: The Norwegian Case", *European Journal of Political Research*, 2003, 42 (2).

159. Steven C. Deller and Craig S. Maher, "Categorical Municipal Expenditures with a Focus on the Flypaper Effect", Public Budgeting & Finance, Fall 2005.

160. Tiebout, C. M., "A Pure Theory of Local Expenditures", *Journal of Political Economy*, 1956, Vol. 64.

161. Trehan Bharat, and Carl E. Walsh, "Common Trends, Intertemporal Budget Balance, and Revenue Smoothing", *Journal of Economic Dynamics and Control*, 12 (June/September 1988).

162. Tsui, K., "Local Tax System, Intergovernmental Transfers and China's Local Fiscal Disparities", *Journal of Comparative Economics*, 2005. 33.

163. Wallace E. Oates, "On Local Finance and the Tiebout Model", *The American Economic Review*, Vol. 71, No. 2, Papers and Proceedings of the Ninety-Third Annual Meeting of the American Economic Association (May, 1981).

164. Wang, S., "The Political Logic of Fiscal Transfers in China", Working Paper, The Chinese University of Hong Kong, 2005.

165. Wilcox, David W., "The Sustainability of Government Deficits: Implications of the Present-Value Borrowing Constraint", *Journal of Money, Credit, and Banking*, 1989 (6).

166. Zou, H., "Taxes, Federal Grants, Local Public Spending, and Growth", *Journal of Urban Economics*, 1996, Vol. 39.

167. Zou, H., and Jin, J., "Fiscal Decentralization, Revenue and Expenditure Assignments, and Growth in China", *Journal of Asian Economics*, 2005, Vol. 16.

附　录

全国各地区财政努力度

项目	1995 年	1996 年	1997 年	1998 年	1999 年
bj	1.556182	1.642990	1.787097	1.861385	2.022842
tj	1.278627	1.271991	1.302338	1.249231	1.227103
hebei	0.780364	0.760384	0.776621	0.779643	0.751481
shanxi	1.251479	1.137334	1.117542	1.151683	1.141955
nmg	0.999521	1.034064	1.077849	1.075205	1.079947
ln	1.224057	1.161993	1.113106	1.096265	1.032940
jl	1.060332	1.009324	1.021004	0.986331	0.953911
hlj	0.939399	0.920870	0.884030	0.910160	0.912120
sh	1.658195	1.678224	1.731686	1.661778	1.604977
js	0.612722	0.635172	0.659522	0.653435	0.678107
zj	0.611519	0.580235	0.589455	0.635215	0.701159
ah	0.781646	0.854748	0.925834	0.919046	0.930773
fj	1.013243	0.957590	0.952711	0.922907	0.910046
jx	1.005480	0.895092	0.915975	0.857538	0.839196
sd	0.655160	0.693000	0.752841	0.780582	0.802615
henan	0.768532	0.764744	0.793449	0.766542	0.750574

项目	1995 年	1996 年	1997 年	1998 年	1999 年
hubei	0.775753	0.727576	0.709203	0.734230	0.777982
hunan	0.918430	0.856878	0.804090	0.812427	0.775093
gd	1.298655	1.254498	1.279180	1.280829	1.373231
gx	0.928599	0.936732	0.968040	1.027314	1.071520
hainan	1.520059	1.430879	1.380940	1.294546	1.240282
cq	—	—	0.784458	0.818163	0.817612
sc	0.872238	1.215108	0.911666	0.887729	0.880255
gz	1.180358	1.241347	1.273395	1.291015	1.297832
yn	1.539875	1.536035	1.626608	1.534061	1.459687
xz	0.776567	0.711287	0.729983	0.697322	0.723725
shaanxi	0.973248	1.018924	1.052414	1.111468	1.127588
gs	1.178308	1.087815	1.085301	1.032465	0.997523
qh	1.026740	0.963234	1.006532	0.993962	0.975994
nx	1.043653	1.207421	1.241496	1.336280	1.280256
xj	0.873726	0.943486	0.932384	0.968009	0.967186
全国平均值	1.003312	1.00416	1.038282	1.036347	1.035662
项目	2000 年	2001 年	2002 年	2003 年	2004 年
bj	2.135982	2.271581	2.388677	2.319907	2.492174
tj	1.262232	1.277944	1.215926	1.209139	1.214073
hebei	0.738362	0.712739	0.699559	0.668649	0.656390
shanxi	1.078505	1.072646	1.085451	1.095833	1.217367
nmg	1.054195	0.927945	0.935866	0.936089	1.050796
ln	0.958199	1.034437	1.079005	1.056533	1.093503
jl	0.880905	0.854370	0.847979	0.882796	0.812579
hlj	0.869138	0.849673	0.854849	0.802301	0.778857
sh	1.614897	1.730830	1.862156	2.009478	2.103042
js	0.779922	0.833592	0.847400	0.894063	0.887266
zj	0.854497	1.036086	1.024677	1.056372	1.006155
ah	0.898695	0.828703	0.807908	0.795558	0.816095
fj	0.907272	0.909646	0.830676	0.828677	0.784019

续表

项目	2000 年	2001 年	2002 年	2003 年	2004 年
jx	0.858715	0.868519	0.829204	0.856960	0.847737
sd	0.810549	0.841752	0.809536	0.801243	0.745240
henan	0.724470	0.665524	0.681371	0.677961	0.686408
hubei	0.760023	0.700382	0.717693	0.683789	0.699433
hunan	0.729489	0.728574	0.797715	0.826265	0.814275
gd	1.403431	1.506692	1.429952	1.345018	1.231606
gx	1.105431	1.145894	1.099460	1.074803	1.032654
hainan	1.201102	1.183338	1.154260	1.138950	1.104064
cq	0.850749	0.872558	0.929037	1.040699	1.090624
sc	0.885504	0.864247	0.852521	0.876965	0.835836
gz	1.343427	1.336804	1.342399	1.346496	1.374361
yn	1.426244	1.321410	1.341833	1.343905	1.286429
xz	0.752565	0.670211	0.695104	0.676762	0.725754
shaanxi	1.071764	1.058195	1.037429	1.070271	1.078279
gs	0.976180	0.948494	0.964867	0.985858	0.979657
qh	1.014592	0.985261	0.933970	0.928427	0.872888
nx	1.264284	1.382524	1.214974	1.174730	1.225953
xj	0.901244	0.924304	1.063570	0.993967	1.029772
全国平均值	1.035889	1.043383	1.044356	1.045112	1.050751
项目	2005 年	2006 年	2007 年	2008 年	2009 年
bj	1.830201	1.803962	1.858240	1.970316	1.888361
tj	1.194249	1.241304	1.278887	1.211954	1.250557
hebei	0.709061	0.703932	0.705845	0.699730	0.695657
shanxi	1.221620	1.585225	1.229870	1.230099	1.253822
nmg	0.998653	0.920411	0.948586	0.918287	0.993958
ln	1.160756	1.148493	1.185529	1.177165	1.178506
jl	0.805602	0.762581	0.754188	0.793782	0.766359
hlj	0.805008	0.821181	0.765576	0.834358	0.852619
sh	2.113649	1.942796	2.024721	1.987874	1.902645
js	0.965693	0.977321	1.031915	1.027306	1.036844

项目	2005 年	2006 年	2007 年	2008 年	2009 年
zj	1.087237	1.066951	1.062979	1.058231	1.040440
ah	0.871416	0.923692	0.911297	0.980686	0.976159
fj	0.917087	0.936807	0.928396	0.918380	0.862677
jx	0.875569	0.840428	0.833630	0.844178	0.868636
sd	0.793603	0.794185	0.780001	0.737249	0.717975
henan	0.698209	0.713476	0.697416	0.660318	0.647728
hubei	0.791701	0.820416	0.776301	0.747596	0.710858
hunan	0.832562	0.815801	0.788427	0.744874	0.733725
gd	1.083266	1.046731	1.047218	1.044320	1.019800
gx	0.998079	0.957461	0.891949	0.889108	0.915233
hainan	1.110481	1.073926	1.107805	1.200679	1.275009
cq	1.043636	1.083279	1.179809	1.205498	1.151749
sc	0.900143	0.915111	0.985975	0.982581	0.936672
gz	1.298045	1.306592	1.245285	1.193774	1.235800
yn	1.272818	1.268680	1.270339	1.305006	1.300790
xz	0.722315	0.706560	0.778909	0.808622	0.830602
shaanxi	0.983575	1.013640	1.023971	0.972796	1.028024
gs	0.911619	0.836235	0.891110	1.025353	0.985347
qh	0.913943	0.902933	0.921640	0.882891	0.969233
nx	1.140648	1.168716	1.124843	0.987999	0.979923
xj	0.981977	0.965379	1.017482	1.051257	1.053278
全国平均值	1.033304	1.034329	1.033811	1.035234	1.034161

致　谢

2009 年，作为一名高校教育工作者的我，来到中国人民大学开始一段崭新的人生旅程。这里的一切，既那么熟悉，又那么陌生。熟悉，是因为这里的校园、这里的教室、这里的图书馆，以及匆匆忙忙穿梭于各个课堂的师生，就如同我一直热情工作的云南财经大学；而陌生，是因为这里的课堂、这里的讨论、这里的讲座，这里勤勤恳恳徜徉于学术海洋的师生，是我从未谋面的。她显得那么神圣和神秘，我为她，沉醉了！

三年的时光虽短犹长，回想起自己在这里的每分每秒，感触良多。在即将毕业离校的前夕，请允许我在代表自己博士学习成果的论文中，感谢这些给予我无私帮助和为我无私奉献的人。

首先，要感谢我的导师陈共教授。陈共教授治学严谨，硕果累累，功成名就。沐泽师恩，时时能感受到他作为一位大家的风范和人格魅力，我唯有向他致敬！

其次，要感谢中国人民大学财政金融学院各位老师在教学上的教诲。是他们诲人不倦的教学态度让我在中国人民大学的博士学习期间受益匪浅。

　　再次，要感谢在中国人民大学共同生活和学习的学友们，是他们纯洁的情谊和无私的帮助让我觉得人生绚丽多彩。

　　最后，要感谢为我无私奉献的我的先生，没有他和女儿的理解与支持，我的内心将充满内疚和遗憾。

　　请让我用最真诚的祝福感谢他们：好人一生平安！

2014 年 5 月 4 日于品园

图书在版编目（CIP）数据

中央转移支付与欠发达地区财政的关系/董艳梅著. —北京：
社会科学文献出版社，2014.9
（云南财经大学前沿研究丛书）
ISBN 978 - 7 - 5097 - 6127 - 4

Ⅰ.①中…　Ⅱ.①董…　Ⅲ.①中央与地方的关系 – 财政关系 –
研究 – 中国　Ⅳ.①F812

中国版本图书馆 CIP 数据核字（2014）第 126730 号

·云南财经大学前沿研究丛书·
中央转移支付与欠发达地区财政的关系

著　　者／董艳梅

出 版 人／谢寿光
出 版 者／社会科学文献出版社
地　　址／北京市西城区北三环中路甲 29 号院 3 号楼华龙大厦
邮政编码／100029

责任部门／经济与管理出版中心（010）59367226　　责任编辑／蔡莎莎
电子信箱／caijingbu@ ssap. cn　　　　　　　　　　责任校对／李孝珍
项目统筹／恽 薇　蔡莎莎　　　　　　　　　　　　　责任印制／岳 阳
经　　销／社会科学文献出版社市场营销中心（010）59367081　59367089
读者服务／读者服务中心（010）59367028

印　　装／北京季蜂印刷有限公司
开　　本／787mm×1092mm 1/16　　　　　　　　印　　张／13.5
版　　次／2014 年 9 月第 1 版　　　　　　　　　　字　　数／152 千字
印　　次／2014 年 9 月第 1 次印刷
书　　号／ISBN 978 - 7 - 5097 - 6127 - 4
定　　价／59.00 元